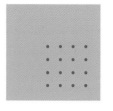

日本証券クリアリング機構
国債店頭取引清算部 ［編著］

清算・決済から知る
日本国債

市場における清算機関の役割

Knowing from Clearing and Settlement JGBs

一般社団法人 **金融財政事情研究会**

本書刊行に寄せて

　本書は日本取引所グループの清算機関である日本証券クリアリング機構における、日本国債の清算業務が15周年を迎えたことを記念して出版した。

　日本国債の取引は金融機関同士の直接の取引（店頭取引）が主となっている。また、売買だけではなく短期金融市場での資金調達／運用や銘柄の調達を目的とするレポ取引が盛んである。私自身、証券会社において債券市場に携わり国債は思い入れのある金融商品である。特に1987年に10年利付国債の第89回債が公定歩合に接近するほど急騰したときは正に市場の動きと対峙した局面であった。

　経済を映し出しダイナミックな動きをする国債は、1980年代までは月に2回まとめて決済がされていた。それが1987年にいわゆるゴトウ日決済といわれる5日と10日の倍数の日に決済がされるようになった。毎日決済がされるようになったのは1996年のこと。それでも取引の7営業日後というものであった。そして1997年に3営業日後の決済となり、2001年になると即時グロス決済が行われるRTGSが日銀に導入された。そのような国債市場における決済改革の流れのなかで、2003年にわが国において初となる国債の清算機関が誕生し、2005年から清算業務を開始するに至った。

　清算機関は取引後の決済に向けた場面においてその役割を担う。利用者にとって取引の売りと買いがネッティングされることで、複数の取引相手とそれぞれ行うべき決済が清算機関相手との決済にまとめられ効率的な決済が可能となる。さらに、清算機関自身が決済の相手方となることで、取引相手の信用力を心配せずに取引を行うことができる。

　日本国債はもとより清算機関を取り巻く環境は大きく変化してきた。国債の清算業務は開始間もなく2008年のリーマン・ブラザーズ証券破綻による金融危機に直面するも、その機能を果たし他の清算参加者の負担なく破綻処理を完了させたほか、2014年にはリスク管理の国際的なフレームワークに準拠

する対応を行った。2018年には国債取引の決済期間を1営業日後とする短縮化の取組みが業界全体でなされ、日本証券クリアリング機構でも当日決済を可能とするレポ取引を導入した。このような取組みや清算参加者の協力によって、取扱金額も開業当初は1日当り50兆円に満たなかったところ、現在では170兆円を超える規模となっている。

　日本国債や清算機関をめぐる話題を担当者が日々の業務の経験をもとに1冊の本としてまとめることを試みた。日本国債に携わる方々の一助となれば幸いである。

　2023年3月

　　　　　　　日本取引所グループ　代表執行役グループCEO　**清田　瞭**

はじめに

本書について

　本書は2005年にわが国で初めて日本国債の清算業務を開始してから15周年という節目を記念して企画したものである。日本国債やレポ取引を中心にあまりなじみのない清算という分野について光を当てている。これが読者の皆様の一助となり、ひいては市場の活性化に資すれば幸いである。

本書の構成

　本書は5部によって構成されている。第1部では国債の概要として、国債という商品の説明から始まり、財政や金融政策を紹介している。

　第2部では流通市場に着目し、国債の売買やレポ取引、デリバティブについて歴史的な観点も含めて説明している。

　第3部では当社である清算機関の説明を当社の概要、業務開始から現在までの15年間の沿革、国際規制といった観点でまとめている。

　第4部では具体的な当清算業務を理解していただけるよう業務のオペレーションやシステム、2018年に行った決済期間短縮化を紹介している。

　第5部では清算業務の要であるリスク管理について、清算参加者の破綻時に対応する証拠金やそのテストといった手法を解説している。

　各部は複数の章から構成されており、あわせて16章をそれぞれ関連する業務を行っている担当者が執筆した。順番に読んでいただければ、商品の特性をはじめとして取引から清算決済までの流れが理解いただけるつくりとなっている。また、各章は独立した構成となっているため、興味のある箇所からお読みいただいてもかまわない。なお、説明の都合上、異なる章において重複する説明がある点はご容赦いただきたい。

日本証券クリアリング機構　国債店頭取引清算部長（執筆当時）

矢 野 　 睦

【執筆者紹介】

矢野　睦　国債店頭取引清算部長（第8章、第11章、第12章、第13章）

　神戸大学経済学部卒業後、東京証券取引所入所。情報システム部、株式部株式総務グループ、IT開発部清算システム、国債店頭取引清算部統括課長等を経て現職。東京大学特任研究員や日本証券業協会の国債の決済期間の短縮化に関する検討ワーキング・グループ委員等を歴任。論稿は「証券市場におけるソフトロー：市場における自己株式取得を例として」（ソフトロー研究3号）など。

佐々木 隆雄　国債店頭取引清算部 課長（第1章、第2章、第7章、第14章）

　京都大学経済学部卒業後、東京証券取引所グループ入社。上場審査部、上場推進部、日本銀行への出向、国債店頭取引清算部調査役を経て現職。一橋大学大学院国際企業戦略研究科修了、博士（経営法）。国際公認投資アナリスト、日本証券アナリスト協会認定アナリスト、公認不正検査士。論稿は「国債取引決済期間T＋1化の実現とその後の状況」（金融財政事情3274号）など。

上野　昂　国債店頭取引清算部 調査役（第15章）

　慶應義塾大学商学部卒業後、日本国債清算機関入社。企画グループやリスク管理グループの後に経営統合を経て現職。日本証券アナリスト協会認定アナリスト。論稿は「国債・レポ取引の決済期間短縮と清算リスク管理」（証券アナリストジャーナル2019年11月号・共著）など。

髙橋　直通　国債店頭取引清算部（第10章）

　早稲田大学大学院基幹理工学研究科修士課程修了後、日本取引所グループ入社。株式部株式売買監理グループを経て現職。

田中　真人　大阪取引所 市場管理部取引管理室 課長（第3章、第4章）

　立教大学経済学部卒業後、日本相互証券入社。長期国債や短期証券、一般債、ワラントなど債券営業に長らく従事したほか管理部門を経験。日本国債清算機関に入社し業務グループや企画グループの後に経営統合を経て国債店頭取引清算部課長、現在は大阪取引所。

佐藤　寿彦　清算企画部 課長（第9章）

　東京大学法学部卒業後、司法修習を経て弁護士登録、長島・大野・常松法律事務所に入所。東京証券取引所上場部への出向を経て東京証券取引所に入社し、現職。University of Virginia School of Law卒業（LL.M.）。ニューヨーク州弁護士登録。

明間　俊宏　前清算リスク管理部 調査役（第16章）

　東京大学経済学部卒業後、東京証券取引所グループ入社。派生商品部を経て清算リスク管理部、現在は外部機関に出向中。一橋大学大学院経営管理研究科修士課程在籍。国際公認投資アナリスト、日本証券アナリスト協会認定アナリスト。

石川　和樹　前大阪取引所 デリバティブ市場営業部（第5章、第6章）

　東京大学大学院農学生命科学研究科修士課程修了後、日本取引所グループ入社。市場管理部取引管理室を経てデリバティブ市場営業部。

（いずれも2021年12月末時点）

　なお執筆者に加えて、故 松本幸一郎 元国債店頭取引清算部長が2019年に行った社内向け勉強会の内容も参考としつつ取りまとめている。各章における見解等に係る箇所は執筆者らの私見にすぎない。本書執筆にあたっては、中島玄、宮﨑保明、川上祐司、宇﨑亮一、本多啓二、羽田晃、吉岡杏菜、笹島拓、足立亮太、各氏に協力をいただいた。また特段の断りがない限り2021年4月末時点の制度等を前提としており、その後の変更等にはご留意いただきたい。

目　次

第1部　日本国債の概要

第1章　国債と財政

第2章　日銀の金融政策

第2部　国債の流通市場

第3章　国債流通市場の歩み
—— 金融機関による国債フルディーリング開始からRTGS決済の開始まで

第4章　国債売買・レポ取引

第５章　デリバティブの基礎

第６章　国債先物・国債先物オプション

第3部　清算機関

第7章　日本証券クリアリング機構の概要

第8章　日本における国債の清算機関の歩み

第9章　国際規制

第4部　清算業務

第10章　国債清算業務の仕組み

第11章　国債清算機関のシステム

第12章　国債決済期間T＋1化対応

第13章　銘柄後決めレポ取引の仕組み

第14章　レポ市場における銘柄後決め現先取引導入の影響と最近の状況

第5部　リスク管理

第15章　国債清算におけるリスク管理

第16章　リスク管理におけるテスト

第 **1** 部

日本国債の概要

国債と財政

1．国債の位置づけ

(1) 国債の根拠

　本章では本書の最初の章として、国債の概要やその背景にある国の財政についてまとめている。国債市場を利用する人の立場から発行という観点を中心にしており、すべての観点を網羅しているわけではない点はご了承いただきたい。

　日本国債は日本政府が発行する公債であり、現在においても明治期に制定された「国債ニ関スル法律」（明治39年法律第34号）に基づいて発行されている（最近においては民法改正に伴う改正が2017年6月に公布、2020年4月から施行されている）。国の歳入は税収によるものに加えて、この国債の発行による収入が予算の財源となる。

国債ニ関スル法律

第1条　国債ノ発行価格、利率、償還期限其ノ他起債ニ関シ必要ナル事項並ニ元金償還、利子仕払、証券及登録ニ関シ必要ナル事項ハ財務大臣之ヲ定ム

○2　前項ノ国債ニ関スル事務ハ財務大臣ノ定ムル所ニ依リ日本銀行ヲシテ取扱ハシム

○3　第1項ノ規定ハ借入金及一時借入金ノ借入、元金償還及利子仕払

ニ付之ヲ準用ス

また、財政法（昭和22年法律第34号）によって、財源としての範囲などが定められている。

> **財 政 法**
>
> 第4条　国の歳出は、公債又は借入金以外の歳入を以て、その財源としなければならない。但し、公共事業費、出資金及び貸付金の財源については、国会の議決を経た金額の範囲内で、公債を発行し又は借入金をなすことができる。
>
> ○2　前項但書の規定により公債を発行し又は借入金をなす場合においては、その償還の計画を国会に提出しなければならない。
>
> ○3　第1項に規定する公共事業費の範囲については、毎会計年度、国会の議決を経なければならない。
>
> 第7条　国は、国庫金の出納上必要があるときは、財務省証券を発行し又は日本銀行から一時借入金をなすことができる。

国債の発行等に関する詳細は省令によって定められており、たとえば国債規則（大正11年大蔵省令第31号）や国債の発行等に関する省令（昭和57年大蔵省令第30号）などがあり、発行に関する事務は財務省理財局がその役割を担っている。

(2)　国債の計算

1　利回り

国債は、一定の金額を一定期間後に支払うことを国が約束して発行した債券であり、表面利率と償還期間があらかじめ定められて発行される。国債の額面（償還時に受け取る金額のこと）は一定だが、市場参加者が実際に購入する価格は需給等によって変動する。

たとえば、額面100円の国債が額面を下回る95円や上回る105円となることもある。購入価格に対する1年当りの運用益の割合を％で表示したものが国債の利回りとなる。

　そのため国債の価値は利回りで表現される。額面100円の購入を考えるときに、1年当りの運用益は、1年間の利子収入（「インカムゲイン」＝「表面利率（クーポン）」）と、額面と購入価格の差額（「キャピタルゲイン（キャピタルロス）」を1年当りに換算したもの）となる。そのため、利回りは利率、価格、償還期間によって変化し、次の計算式のように表すことができる。

> 計算式

利回り（税引き前・単利・％）

$$= \frac{\text{年間の利息(円)} + \dfrac{\text{額面(100円)} - \text{購入価格(円)}}{\text{償還期間(年)}}}{\text{購入価格(円)}} \times 100$$

2 　単　　位

　利回りについて、一般的に使われる％のほか、小数桁の読み方が漢字で存在し、国債市場においては多用されている。

　たとえば12.3456％を漢字で示すと1割2分3厘4毛5糸6忽となる。

　なお、グローバルには「1％＝100bps」を表すベーシスが用いられ、先ほどの例では1,234.56bpsとなる（0.04％などを4bpsと表現するために用いられる）。

　また、債券価格の上昇を「強い」、低下を「甘い」と表現し、利回りに置き換えると利回りの低下が「強い」、上昇が「甘い」となる。すなわち5bp低下ならば5毛強（5モウヅヨ）、上昇ならば5毛甘（5モウアマ）と呼ばれる。

3 　イールドカーブ

　年限ごとの利回り（イールド）をつなげることで表されるグラフをイールドカーブといい、国債市場の分析に用いられている。

　横軸に残存期間であるオーバーナイト（翌日）から40年までをとり、縦軸

に利回りをとる。一般的には短い年限であれば低い利回り、長い年限であれば高い利回りとなることから、右肩上がりの形状となる。ほかにも、金利差が逆転すると右肩下がりの形状となり逆イールドと呼ばれる。また、その金利差が大きくなればグラフの形状が急になるためスティープ化、金利差が縮小するとグラフが水平になるためフラット化と呼ばれる。

2．国債の種類

　債券は定期的に利子が支払われ、満期になると償還される。国債も同様であり、その利子の有無、計算方法や償還までの期間などによって種類が区別されている。

　国債は利子の支払の有無によって利付国債と割引国債に大別される。そのうち利付国債は固定利付国債と変動利付国債、物価連動国債、個人向け国債に分かれる。順に概要をみていきたい。

（1）　固定利付国債

　固定利付国債は半年に一度支払われる利子が決まっており、発行・流通する国債の大半がこれに当たる。国債は償還までの期間ごとに発行されており、利付国債では 2 年、 5 年、10年、20年、30年、40年の 6 種類によって発行されている。

　発行された年限から 2 年と 5 年を中期国債、10年を長期国債、20年以上を超長期国債という。

　その償還日は 3 月、 6 月、 9 月および12月の20日となっている[1]。振替債（ペーパーレス化）によって、発行から償還までの期間が発行年限と比べて数日異なっていても同20日にそろえられている。

1　休日等の場合は翌営業日。

⑵ 変動利付国債

　変動利付国債は半年に一度支払われる利子が変動するもので、直前の10年利付国債の入札などをもとに決定される。変動利付国債は2008年5月に48回債が発行されたのを最後にその後は発行が行われていない。これは2023年5月20日に償還を迎えるため、それまでに新たな発行がなければ変動利付国債はすべて償還されることとなる。

⑶ 物価連動国債

　物価連動国債は物価の変動に即して元金額の価値が変動する国債であり、全国消費者物価指数（生鮮食品を除く総合指数、CPI）に連動している。すなわち物価上昇時には償還金額は額面を上回る。

　物価連動国債は2004年3月に発行が開始され、2008年8月に16回債まで発行されたところで、リーマン・ブラザーズ証券破綻による金融危機が生じた。金融危機を受けてCPIが大きく下落したことで当時の物価連動国債は価格が大きく低下、2008年10月に一度発行が停止されている。これは、物価の下落によって償還時の価格が額面を下回ってしまうことが懸念されたためであった。そこで、償還時の元本が保証されるという商品性の見直しが行われたうえで、当時の物価上昇期待を背景に2013年10月に第17回債から発行が再開された。その後、毎年5月に新しい回号の新発債が発行されており、2020年5月には第25回債が発行された。

⑷ 個人向け国債

　個人向け国債は固定利付国債（3年と5年）、変動利付国債（10年）が発行されている。なお、当社での清算対象としていないため今後の説明等では割愛する。

⑸　割引国債

　割引国債は利子が支払われず、利子相当額を額面から引いた価格で発行される国債である。ストリップス債と国庫短期証券に区別される。

　まず、ストリップス債は利付国債の元本と利息（利払い時点ごと）を分離して、分離元本振替国債と分離利息振替国債として取引できる国債である。また過去に分離されたものを統合することも可能となっている。これらの分離・統合は国債市場特別参加者が行うことができ、2003年から導入された。

　次に、国庫短期証券は２種類の償還期間の短い割引国債の総称として用いられている。まず、割引短期国債があり年限は６カ月または１年として発行されている。加えて、政府の歳出のための資金にとどまらず、短期の資金繰りや特別会計の資金不足のために発行される政府短期証券があり、年限は数週間、３カ月、６カ月または１年となっている。これら割引短期国債と政府短期証券をあわせて、国庫短期証券として扱われる。

　なお、英語名のTreasury Discount Billsから、TDBやT-Billと呼ばれる。利付債の償還期間が２年以上だったのに対して、これらは１年以下であり、この１年以下の期間を短期と呼ぶ。

⑹　各国債の銘柄

　いずれの国債も新たな発行ごとに回号番号が付され、現在（2020年９月末時点）ではそれぞれ次の銘柄が存在している（図表１－１－１）。

　いままでみてきたのは国債の商品性における区分であり、発行される根拠・目的によっても分類される。普通国債と財政投融資特別会計国債に大別され、普通国債は、建設国債、特例国債、復興債、借換債の４つに分類される。しかしながら、いずれも金融商品としての条件は同じで取引にその区別はない。

図表１−１−１　現在の国債銘柄（2020年９月）

銘　　柄		備　　考
２年	393回債～416回債	
５年	126回債～144回債	
10年	312回債～359回債	
20年	48回債～173回債	
30年	１回債～67回債	１回債の償還は2029年９月
40年	１回債～13回債	１回債の償還は2048年３月
変動利付国債	37回債～48回債	
物価連動国債	17回債～25回債	
国庫短期証券	864回債～940回債	一部は償還

３．国債の発行

　国債は国が発行する。発行に際しては多くでは入札が行われ、入札によっ
て購入（落札）した金融機関が売買をすることで市場に流通する。入札はい
わゆるオークションであり、たとえば最も良い条件を提示したものから落札
される[2]。

⑴　入札スケジュール

　国債の発行は、まず公募入札が行われその１日後に発行される。

　発行にあたって行われる入札の予定は、３カ月程度前に１カ月分が公表
（財務省webサイトに掲載（入札カレンダー））される。

　そこには日付と入札対象国債等が示される。そして１週間前に発行予定額
等の詳細として、発行予定額や入札予定日・発行予定日・償還予定日が示さ

2　国債の発行にオークションを用いる点について石田／服部（2020）では、政府と投資
　家の間に情報の非対称性があるもとで、買い手の情報を入札価格という開示を通じて値
　決めを行うためと説明されている。

れる（アナウンス）。そして、入札日当日の10時30分に入札オファー情報（入札発行について）としてクーポン（表面利率）等が開示され、入札者は11時50分までに応募、そして12時35分に入札結果が開示される（国庫短期証券の場合はそれぞれ10時20分に入札オファー情報、応札締め切りは11時30分、入札結果開示は12時30分となる）。

これら入札のオファー通知や入札の応募などの手続はすべて日銀ネットを通じて行われる。

入札の方式には競争入札、非競争入札（2年、5年、10年）、非価格競争入札（第Ⅰ、第Ⅱ）がある。なお、非価格競争入札は国債市場特別参加者にのみ参加が認められている。

(2) 新発債とリオープン

国債の発行量は年間における計画が立てられ、当該発行量が1年間のうち複数回に分けて発行されている。同一年限の国債が発行されるたびに新たな回号が付され、従前と異なる銘柄、すなわち新発債（新規発行）として発行されるのが一般的である。しかしながら、毎回新たな銘柄となれば、一銘柄当りの発行量は限られることとなる。そこで、発行時にすでに発行されている（前回新たに発行された）銘柄の同一銘柄として追加発行されることが多く行われており、これをリオープン（追加発行）という。発行時期は異なっていても償還日等は新発債として発行されたものにそろえられる。このようなリオープンによる追加発行は2001年3月に導入された。

最近の新発債とリオープンの状況をみると、10年、20年、30年の新発債は年4銘柄（1月、4月、7月、10月）でそれ以外は追加発行、40年と物価連動国債の新発債は年1回（5月）となっている。

もっとも、10年債においては金利変動が大きい場合は新規に発行されるとされている。たとえば2020年度においては「前回債の表面利率と入札日の市場実勢利回りとの乖離がおおむね0.30％を超える場合」には、新発債を発行するとされている[3]。

なお、アナウンス時点ではリオープンの有無は明記されず、入札日において新規の回号が明記され発行される。

⑶　入札する市場参加者

　発行時における入札は国債市場特別参加者を中心に行われている（図表1－1－2）。

　この国債市場特別参加者制度は、2004年に国債の大量発行のもとにおいても、国債の安定的な消化の促進や国債市場の流動性の維持・向上等を図るこ

図表1－1－2　国債市場特別参加者一覧（50音順）

SMBC日興証券株式会社
岡三証券株式会社
クレディ・アグリコル証券会社
クレディ・スイス証券株式会社
ゴールドマン・サックス証券株式会社
JPモルガン証券株式会社
シティグループ証券株式会社
ソシエテ・ジェネラル証券株式会社
大和証券株式会社
ドイツ証券株式会社
東海東京証券株式会社
野村證券株式会社
BNPパリバ証券株式会社
BofA証券株式会社
株式会社みずほ銀行
みずほ証券株式会社
株式会社三井住友銀行
三菱UFJモルガン・スタンレー証券株式会社
モルガン・スタンレーMUFG証券株式会社
（2021年5月末時点19社）

（出所）　財務省

3　2020年3月24日財務省公表。

とを目的に導入された（欧米のプライマリーディーラー制度を参考とされたため、同様にプライマリーディーラーやPDと呼ばれる）。

国債市場特別参加者は入札における相応の責任や落札責任、発行後においても流通市場における流動性提供や財務省への情報提供が求められている[4]。一方で、財務省と意見交換等を行う国債市場特別参加者会合（PD懇とも呼ばれる）に出席することができる。

ほかにも国債投資家懇談会（投資家懇）も開催され、発行計画の参考とされている。

(4) 流動性入札・買入消却

新規に発行されるだけでなく流動性や需要等から追加の発行や、償還前の買戻しが行われている。

追加発行は国債市場特別参加者を対象として流動性入札が行われる。2006年に発行規模の小さい20年債を対象に開始され、最近では各年限において行われ年間約10兆円が実施されている。

一方で、発行者である国が償還前に市場から国債を買い入れて消却することでその国債を消滅させる買入消却も行われている。2008年に集中していた満期償還の平準化等のために行われ、最近では物価連動国債において物価をふまえた需給に対応するために行われている。

4．国の財政

国債の発行者である国の財政について、ストックである国富とフローである歳入歳出をみていきたい。

国富は一国経済全体の正味資産であり、資産（金融資産および非金融資産）から負債を控除したものである。内閣府からは毎年、国民経済計算年次推計として期末貸借対照表が公開されている。2018年末（平成30暦年末）の総資

4　2016年に三菱東京UFJ銀行（当時）がその資格を返上したことが大きな話題となった。

産 1 京0883兆円（非金融資産3,115兆円、金融資産7,767兆円）、負債は7,426兆円であり、正味資産は3,457兆円（前年比＋74兆円）となっている。

　次に歳入歳出（一般会計）をみると、国の 1 年間の収入である歳入について、2019年度では109兆円であり、そのうち国債発行等による公債金は36兆円となっている。一方で、支出である歳出は101兆円のところ国債の償還や利払いに充てられる国債費は22兆円となっている[5]。

　国債の発行総額は2019年度では154兆円であり、近年は150兆〜170兆円の水準となっている。もっとも、2020年度はコロナ危機への対応のためにその発行額は大きく増加し250兆円規模となっている。なお国債の発行残高は1,037兆円となっており、その保有者は日本銀行が46.8％、生損保等21.1％、銀行等14.9％、年金等7.2％、海外7.6％となっている[6]。

　財政と金融、英語にするとどちらも"Finance"とも訳されうるものの、政策を示す場合には意味するものが異なってくる。財政政策（Fiscal policy）は政府が行う事業などを指し、公共事業や税制などがあげられる。金融政策（Monetary policy）は中央銀行（日本銀行）が行う金融調節などを指している[7]。

5　いずれも収納済歳入額と支出済歳出額。
6　2019年12月末時点。
7　詳細は第 2 章参照。

BOX	会計検査院

　上場会社などの決算（財務諸表）については監査法人が監査（適正に表示されていることへの意見の表明）を行う。

　では、国債を発行している国の決算はだれがチェックするのか。それは憲法（90条）において会計検査院が検査することが定められている。内閣から独立した組織として会計検査院が置かれ、年に一度「決算検査報告」を内閣総理大臣に提出している。そして内閣は決算とともに当該検査報告を国会に提出しなければならない。また、「会計経理を監督し、その適正を期し、且つ、是正を図る」（会計検査院法20条）とされている。なお、企業の会計は財務会計というのに対して国や自治体の会計は公会計と呼ばれる。

〈参考文献〉

石田良／服部孝洋（2020）「日本国債入門——入札（オークション）制度と学術研究の紹介」

財務省「債務管理リポート」

重松博之／山浦久司（2015）『会計検査制度』中央経済社

代田純（2017）『日本国債の膨張と崩壊』文眞堂

三菱東京UFJ銀行円貨資金証券部（2012）『国債のすべて』金融財政事情研究会

第2章

日銀の金融政策

1．中央銀行の役割

(1) 日本銀行の位置づけ

中央銀行は自国の通貨・銀行券を発行し、銀行の銀行・政府の銀行とも呼ばれる。

日本銀行は日本の中央銀行であり、日本銀行法（以下「日銀法」という）が定められている。同法では「我が国の中央銀行として、銀行券を発行するとともに、通貨及び金融の調節を行うことを目的とする。　2　日本銀行は、前項に規定するもののほか、銀行その他の金融機関の間で行われる資金決済の円滑の確保を図り、もって信用秩序の維持に資することを目的とする。」（日本銀行法1条）と目的が定められている。

そして、金融政策については、「日本銀行は、通貨及び金融の調節を行うにあたっては、物価の安定を図ることを通じて国民経済の健全な発展に資することをもって、その理念とする。」（同法2条）とされている。

これらをまとめて日銀の目的は物価の安定と金融システムの安定と示されている。これを実現するために金融政策と中央銀行業務が行われている。

(2) 日銀の誕生と新日銀法

日本銀行は1882年に大蔵卿の松方正義が中心となって設立された。当初は日本橋箱崎町に設立され、1896年に現在の日本橋本石町に移転している。永代橋の近くのその場所には今では記念碑が立っている。

その後、戦時中の1942年に日本銀行法が制定、1949年にGHQの指示のもとで改正され政策委員会制度が導入された。そして、1998年4月に現在の日本銀行法に改正されている。1998年の日銀法改正は中央銀行の独立性を高めるものといわれている。

この点、前日銀総裁の白川（2018）は、旧日本銀行法は国家統制色の強い法律だったところ日銀法の改正は待ち望まれたものであり、当時のバブル経済の反省や国際的な中央銀行の独立性強化があったことをあげている。

2. 金融政策

(1) 金融政策決定会合

日銀法で定められている物価の安定のために、通貨の供給量（マネタリーベース）[1]や金利目標などを金融政策として定めている。そのような金融政策は日銀の政策委員会による「金融政策決定会合」（以下「決定会合」という）によって決められる。

決定会合は年に8回開催され、近年の開催にあたっては毎回2日間にわたって開催されている[2]。公表資料をみると1日目は14時から16時頃まで、2日目は9時から昼頃まで開催されており、決定内容は直ちに日銀のwebサイトに掲載される。そして15時30分から総裁の記者会見が行われている。

各決定会合の議論の内容はまず「主な意見」として各委員が表明した意見を要約したものが決定会合の10日ほど後に公表される。その後、次回の決定会合における承認を経て「議事要旨」が公表される。そして10年後に「議事録」が公開されることとなっている。

「議事要旨」の公表は日銀法（20条1項）に定められている。その公表は次回の決定会合後（約1カ月半後）となってしまうため、その速報性の必要

---

1 「日本銀行券発行高」＋「貨幣流通高」＋「日銀当座預金」
2 　金融政策決定会合の日程は前年に公表される。2015年までは年に14回開催されていたところ、国際会議の日程などを勘案して8回に変更された。

性から「主な意見」が2016年1月から公表されることとなった。議事録では発言者から利用された資料（個人情報や個社の情報を除く）まで含めて公表される。委員個人の発言と現在の政策への影響を考慮して10年後（日銀法においては相当期間経過後とされている）に公表されている。1月、4月、7月、10月の決定会合時には先行きの経済・物価見通しや、金融政策運営の考え方を整理した「経済・物価情勢の展望」（通称「展望レポート」）があわせて公表されている。

政策委員会は総裁・副総裁2名・審議委員6名の9名によって構成されている。国会（衆参両院）における人事案の同意を得て、内閣によって任命される。審議委員は外部有識者から任命され専任の職務となる。

2022年1月時点の政策委員の経歴をみると、元財務官・アジア開発銀行総裁であった黒田総裁、副総裁は元日銀理事1名、元大学教授1名、審議委員の経歴をみるとシンクタンク経験者1名、元大学教授1名、銀行出身1名、証券会社出身1名、エコノミスト1名、産業界出身1名となっている。委員の互選によって総裁が政策委員会の議長に選任されている。

なお、決定会合には政府からも2名が出席し意見を表明している（財務大臣または内閣府の大臣（経済財政担当）が指名する職員とされ、副大臣の出席が多い）。

審議委員を2期10年務めた須田（2014）は、議事録がいつか公開されるため発言が理由もなくブレないような準備を常日頃の積み重ねとして行っていたことや、決定会合の2営業日前に資料のファイルが渡され、関連する局からの個別レクが続く準備プロセスを述べている。

10年後に公開される議事録では執行部からの報告や各委員の発言、記名による採決のようすがうかがい知れる。直近で公開されている2009年の議事録を参考にして、その流れをみてみたい。

まず議長の開会宣言の後、金融経済情勢に関する執行部報告として金融調節、金融・為替市場動向に関する報告を金融市場局長、海外経済情勢を国際局長、国内経済情勢を調査統計局長、金融環境を企画局長が報告し、それぞ

れ委員から質疑がなされている。次に金融経済月報の報告が調査統計局参事役からなされ、1日目が終了（中断の位置づけ）している。

2日目は金融経済情勢に関する討議として各委員が順に発言、次に金融政策運営等に関する討議として自由討論がなされ、そして議案の取りまとめと採決が行われている。執行部が議案を配布し、文言の修正などを行い、決裁文書に各委員がサインをしている。

(2) 金融政策の変遷

ここでこの15年間（2006～2021年）における金融政策の変化をみていきたい。

■1 2006年：ゼロ金利解除

1999年から（一時解除をふまえれば2001年から）続いていたゼロ金利（政策金利ゼロ％）が2006年7月に0.25％となった。2001年3月に「量的緩和政策」の枠組みが採用され、金融調節の目標がコールレートから日銀当座預金残高の量とその増加となった。当座預金残高を増加させることで金利がゼロとなってもさらに残高を増加させることで景気・物価への働きかけを期待するものであった。

そのようななかで、「無担保コールレート（オーバーナイト物）をおおむねゼロ％で推移するよう促す」とされていた金融市場調節方針を0.25％前後で推移するよう促すとされた。

この点、同決定時には「日本銀行は、これまで長期にわたりゼロ金利を維持してきたが、経済・物価情勢が着実に改善していることから、金融政策面からの刺激効果は次第に強まってきている。このような状況のもとで、これまでの政策金利水準を維持し続けると、結果として、将来、経済・物価が大きく変動する可能性がある。日本銀行としては、新たな金融政策運営の枠組みにおける2つの「柱」[3]による点検をふまえたうえで、経済・物価が今後とも望ましい経路を辿っていくためには、この際金利水準の調整を行うことが適当と判断した。この措置は、中長期的に、物価安定を確保し持続的な成

長を実現していくことに貢献するものと考えている」と説明されている。その後2007年2月に経済・物価情勢の改善が展望できるとして0.5％に引き上げられている。

② 2008年：リーマンショックをふまえた対応

2008年9月にリーマン・ブラザーズ証券が破綻。金融市場では動揺の深刻化や経済環境の悪化がみられた。これを受けて、臨時の金融政策決定会合が開催され国債補完供給や米ドル資金供給における対応がとられた。ほかに金融市場の安定確保のためとして、レポ市場における流動性の改善、企業金融の円滑化などの対応が図られた。

政策金利についてはその間も現状維持とされていたものの、同年10月末に0.3％に、12月0.1％に引き下げられた。その後、2010年10月に包括的な金融緩和政策として、0〜0.1％程度で推移とされた。この時にあわせて資産買入れ等について具体的な検討を行うとされ、その後国債買入れのほかETFやJ-REITの買入れが開始された。

なお、その後、2010年の欧州債務危機や、2011年の東日本大震災に対応するための買入額の増額や各種対応が行われている。

③ 2013年：量的質的金融緩和（QQE）

黒田総裁が2013年4月に就任し、最初の決定会合において「量的・質的金融緩和（Quantitative and Qualitative Monetary Easing）」が導入された。これは物価の上昇率2％を2年程度の期間を念頭に置いて、できるだけ早期に実現するとして、マネタリーベースとETF保有残高を2倍にするとされた。

3　2006年3月に新たな金融政策運営の枠組みとして「金融政策の運営方針を決定するに際し、次の2つの「柱」により経済・物価情勢を点検する。第1の柱では、先行き1年から2年の経済・物価情勢について、最も蓋然性が高いと判断される見通しが、物価安定のもとでの持続的な成長の経路をたどっているかという観点から点検する。第2の柱では、より長期的な視点をふまえつつ、物価安定のもとでの持続的な経済成長を実現するとの観点から、金融政策運営に当たって重視すべきさまざまなリスクを点検する。具体的には、たとえば、発生の確率は必ずしも大きくないものの、発生した場合には経済・物価に大きな影響を与える可能性があるリスク要因についての点検が考えられる」と説明されている。

長期国債の買入れは年間50兆円の残高増加、ETFは年間1兆円・J-REITは年間300億円の残高増加が示された。

④ 2014年：量的質的金融緩和の拡大

2014年10月31日の決定会合で、金融緩和の拡大として、マネタリーベースの増加を80兆円（10兆～20兆円増加）、ETFは3兆円、J-REITは900億円と従来の"3倍"に拡大された（政策委員9名のうち賛成5名・反対4名の採決であった）。黒田総裁は従前「逐次投入をせず」と発言し[4]、2013年4月のQQE導入から大きな政策の変更がなかったなかでの拡大であった。

なお、同日にはGPIF（年金積立金管理運用独立行政法人）がポートフォリオの株式の割合を増加するなどの変更を公表し、あわせて金融市場では大きな動意がみられた。

⑤ 2016年：マイナス金利導入・イールドカーブ・コントロール（YCC）

2016年1月にマイナス金利が導入された（マイナス金利付き量的・質的金融緩和）。これは金融機関が日銀に預けている資金のうちマクロ加算残高に対して−0.1％を適用するものであった。なお、決定会合の結果公表前の午前中に、日経電子版がマイナス金利議論へと記事を掲載したことで、金融市場は公表に向けて緊張感が高まっていた。

さらに、同年10月にはイールドカーブ・コントロール（長短金利操作付き量的質的金融緩和）が導入され、従来短期金利のみを誘導目標としていたところ、長期金利（10年物国債金利）についてもおおむねゼロ％程度で推移するよう働きかけるとし、短期金利・長期金利両方をコントロールする政策がとられた。

⑥ 2020年：新型コロナウイルス感染症の影響をふまえた金融緩和の強化

2020年の2～3月には新型コロナウイルス感染症拡大の影響によって、国内外の金融市場では不安定な動きがみられていた。そこで「企業金融の円滑確保に万全を期すとともに、金融市場の安定を維持し、企業や家計のコン

4　たとえば2013年4月4日記者会見など。

フィデンス悪化を防止する観点」として、いっそう潤沢な資金供給の実施や、企業金融支援のための措置、ETF・J-REITの積極的な買入れが打ち出された。この３月16日に行われた決定会合は３月18日および19日に予定されていたものが、新型コロナウイルス感染症の影響を受けた金融経済情勢の動向をふまえて日程が前倒しとなった。

　さらに４月には「金融機関や企業等の資金調達の円滑確保に万全を期すとともに、金融市場の安定を維持する観点から、①CP・社債等買入れの増額、②新型コロナウイルス感染症対応金融支援特別オペの拡充、③国債のさらなる積極的な買入れ、により金融緩和を一段と強化する」とした。具体的には従前国債の買入額について「保有残高の増加額年間約80兆円をめどとしつつ、弾力的な買入れを実施」としていた金額の明記を削り、「積極的な買入れを行う」とされた。この点、黒田総裁は同日の会見において「当面、国債のさらなる積極的な買入れを行うことが適当との認識が共有され、その旨を対外的に示すこととしました。―略―すなわち80兆円を超えても買い得ることも含めて上限を設けずに行っていくということであり、国債買入れの金額のめどを削除することとしたのはこの点をより明確にするため」と述べている。

７　2021年：より効果的で持続的な金融緩和

　2020年12月の決定会合において、新型コロナウイルス感染症の影響により、経済・物価への下押し圧力が長期間継続すると予想される状況をふまえて、2021年３月に行う決定会合において、現在の枠組みのもとで、各種の施策を点検することが示された。

　そして、同３月の決定会合では「より効果的で持続的な金融緩和を実施していくための点検―略―の結果、基本的な政策の考え方としては、２％の「物価安定の目標」を実現するため、持続的な形で、金融緩和を継続していくとともに、経済・物価・金融情勢の変化に対して、躊躇なく、機動的かつ効果的に対応」するとして、短期政策金利に連動する「貸出促進付利制度」が創設されることとなった。また、イールドカーブ・コントロールについ

て、平素は柔軟な運営を行うため、長期金利の変動幅は±0.25％程度であることを明確化する。同時に、必要な場合に強力に金利の上限を画すため、「連続指値オペ制度」を導入することとされた。さらに、ETFおよびJ-REITについて、臨時措置として決定したそれぞれ約12兆円および約1,800億円の年間増加ペースの上限を、新型コロナウイルス感染症収束後も継続することとされた。

　なお、教科書では「公定歩合」により金融機関への貸出金利を操作することが金融調節の手段として記載されていることが多い。これは、預金金利等の各種の金利が「公定歩合」に連動していたためである。しかしながら、1994年の金利自由化によって「公定歩合」と預金金利との連動がなくなった（金利は金融市場の取引結果によって決まっていく）。そのため、公定歩合は金融政策手段として用いられなくなっている。「公定歩合」は、現在、「基準貸付利率」（2008年12月以降は0.3％）と呼ばれ、「補完貸付制度」の適用金利となっている。また、結果として無担保コールレート（オーバーナイト物）の上限の目安ともなっている。

3．金融調節

(1)　日銀オペ

　金融政策を具体的に実行するための手段として市場に対して「金融調節」が行われている[5]。マネタリーベースの増加のための国債買入れなどがそれに当たり、オペレーションのために「日銀オペ」と呼ばれている。

　国債買いオペは、従前そのオペ先が輪番で決まっていたことから、輪番オペともいわれる。まず午前中に本日のオペの金額や銘柄を日銀がオペ先に、

5　白川（2008）は、金融調節方針について「「物価上昇率を○○％にする」という指針だけでは抽象的であり、―略―検証可能な具体的な運営指針を決定する必要が生じる。中央銀行は通常、短期金利ないし中央銀行当座預金残高に関する運営方針を定期的に点検し、決定している」と説明している。

図表1−2−1　国債買入れのスケジュール（T＋1の決済）

時刻	項目	内容
10：10	通知（オファー）	買入総額や対象銘柄など
11：40	応募締切	利回りなどが提示
12：00頃	結果の公表（募入の決定（オファーバック））	入札した参加者に通知
15：00	決済締切	

日銀ネットを通じてオファーする。入札を希望する金融機関は利回りを示して応募する。締め切り後に希望利回較差の大きいものからその売渡希望額を順次割り当て、募入が決定される（図表1−2−1）。

　当面の国債買入れの予定を市場にアナウンスするために毎月末に翌月の予定を公表している。具体的には、残存期間ごとの1回当りのオファー金額（レンジによって示されている）と予定している日程（何回と示されている場合と、日付が示されている場合がある）を公表している。

(2) 国債に関連したオペレーション

▮1 資金供給を目的としたもの

・国債買入れ：利付国債を入札によって買い入れる
・共通担保オペ：日本銀行に差し入れられた担保を裏付けとして、資金を貸し付ける

▮2 資金供給または吸収を目的としたもの

・国債現先オペ：国債を売戻し（買戻し）条件を付して入札によって買い入れる（売却する）
・国庫短期証券売買オペ：国庫短期証券を入札によって買い入れる（売却する）

▮3 国債の供給や貸付け

・国債補完供給：日本銀行が保有する国債を一時的かつ補完的に供給するもの（形式は、国債の買戻条件付売却）

図表 1-2-2　他のオペのオファー等の時刻

時刻	オファー等
9：20	即日オペのオファー（共通担保・国債現先）
9：30	先日付オペのオファー（国債現先）
10：10	先日付オペのオファー（国庫短期証券売買・国債買入れ）
12：50	即日オペのオファー（共通担保・国債現先）
13：00	先日付オペのオファー（共通担保）
14：00	先日付オペのオファー（国債買入れ）
15：00	決済締切
16：15	決済締切（共通担保）

（出所）　日本銀行webサイトから筆者作成

図表 1-2-3　国債補完供給の時刻

午前	午後	オファー等
9：00～11：15	12：30～13：15	オファー実施希望受付時間
11：50	13：50	オファー
12：15	14：15	応募締切時刻
12：30頃	14：30頃	オファーバック
13：15	15：30	スタート日の決済締切時刻
15：00	15：00	エンド日の決済締切時刻

（注）　スタート日の午後の決済締切時刻について翌日が元利払日の銘柄（利払銘柄）は
　　　　15：00。
（出所）　日本銀行webサイトから筆者作成

４　補完貸付制度

　日本銀行が金融機関等の借入申込みを受け、差し入れられた担保の範囲内
で、原則として基準貸付利率により翌営業日を返済期限として受動的に実行
する貸付け。

⑤ その他のオペレーション

・CP・社債等買入れ：金融調節のいっそうの円滑化を図る趣旨から、コマーシャル・ペーパーおよび社債等を、入札によって買い入れる資金供給オペレーション。

・ETF・J-REIT買入れ：金融調節のいっそうの円滑化を図る趣旨から、指数連動型上場投資信託受益権および不動産投資法人投資口の買入れ等を実施。

・米ドル資金供給オペ：米国連邦準備制度との米ドル・スワップ取引により調達したドル資金を、日本銀行に差し入れられた担保を裏付けとして、貸し付けるオペレーション。

4．金融システム

　金融システムや決済システムといったときに、システムはITそのものではなく、機能などを指している。もちろんITによるシステムが正常に動いていることを前提として、資金の流動性や市場の取引・決済が機能していることが重要視されている。

　個別金融機関のリスクの把握・改善をミクロ・プルーデンスとし、一方で金融システム全体のリスクの把握・評価をマクロ・プルーデンスという。

　ミクロ・プルーデンスは考査やオフサイト・モニタリングを通じて行われ、マクロ・プルーデンスは市場のモニタリングや政策の実行などとあわせて行われ金融調節と密接なかかわりをもつ。

5．海外の中央銀行

　海外各国それぞれに中央銀行が存在している。米国、英国、欧州の中央銀行について簡潔に取り上げる（図表1－2－4）。

　米国の中央銀行は連邦準備制度が該当し、理事会（the Board of Governors）と12地区の連邦準備銀行（Federal Reserve Banks）から構成されている。理事会は7名の理事によって構成され、そのうち議長と副議長が置かれ

図表１－２－４　代表的な海外中央銀行

	中央銀行	代表	前職	前代表
米国	連邦準備制度	パウエル議長	理事	イエレン元UC教授
英国	イングランド銀行	ベイリー総裁	副総裁	カーニー元カナダ中央銀行総裁
欧州	欧州中央銀行	ラガルド総裁	IMF専務理事	ドラギ元イタリア銀行総裁

図表１－２－５　Fed外観写真

写真にある有名なFedの本部は首都ワシントンDCにあり、近くにはスミソニアン博物館やワシントンメモリアルがある。

（出所）　筆者撮影

ている。

　中央銀行として１つの名称で呼ぶときには理事会を中心にした表現であるThe Federal Reserve BoardからFRBと表現されることが多いものの、英文のレポートではFed（フェド）といわれている（図表１－２－５）。同様に地区連銀もNY Fedのように呼ばれている。金融政策は理事会を中心とした連邦公開市場委員会（Federal Open Market Committee、FOMC）によって決定され、理事７名と地区連銀の総裁５名（ニューヨーク連銀総裁とほか11連銀からはローテーション）の12名が委員となり年に８回開催されている。イエレン前議長が2006年から続いていたゼロ金利からの"利上げ"を2015年12月に

図表 1 − 2 − 6 Riksbank外観写真

世界最古の中央銀行といわれるスウェー
デンのRiksbankは、ストックホルム中
心部のビル群にあり、近くにはノーベル
賞授賞式の会場となるコンサートホール
がある。

（出所） 筆者撮影

行ったものの[6]、パウエル議長がコロナショックを受けて2020年 3 月にゼロ
金利に引き下げ、米国債の買入れを増加させている。

　英国のイングランド銀行（Bank of England、BOE）は1694年に設立された
世界で 2 番目に古い中央銀行である。所在地であるロンドンのシティでの最
寄りの地下鉄の駅名は、イングランド銀行を指すBankとなっている。なお、
世界最古の中央銀行はスウェーデンのRiksbankといわれている（**図表 1 −
2 − 6**）。

　欧州では各国に中央銀行（ドイツのブンデスバンクなど）がありつつ、EU
の機構である欧州中央銀行（European Central Bank、ECB）が金融政策を
行っている。総裁、副総裁、理事 4 名からなる 6 名の役員会があり、そこに
ユーロ圏の各国中央銀行総裁（19名）のうち15名（ローテション）によって
構成された政策委員会によって金融政策が決められている。欧州統合の歴史
のなかでユーロが導入される1999年の前年の1998年に設立された。

　2016年から日本で導入されたマイナス金利についても欧州において、2014

6　政策金利（銀行間の翌日物金利）であるFF（Federal Funds）金利の誘導目標が0.25〜
　0.50％に0.25％引き上げられた。

年から導入されていた。

| **BOX** | BIS（Bank for International Settlements 国際決済銀行） |

　各国の中央銀行が協力等を行うための国際機関として、スイスのバーゼルに国際決済銀行が置かれ、各国の中央銀行がメンバー（2019年60カ国・地域）となっている[7]。

　そこではバーゼル銀行監督委員会、国際金融システム委員会、決済市場インフラ委員会、など６つの委員会が置かれている。このうち、バーゼル銀行監督委員会が公表する銀行の国際統一基準はバーゼル規制などと呼ばれ、現在は第３段階であるバーゼルⅢが段階的に適用されている。

〈参考文献〉

岩田規久男（2018）『日銀日記』筑摩書房

植田和男（2015）『ゼロ金利との闘い』日本経済新聞出版

河村小百合（2015）『欧州中央銀行の金融政策』金融財政事情研究会

斉藤美彦（2014）『イングランド銀行の金融政策』金融財政事情研究会

白川方明（2008）『現代の金融政策──理論と実際』日本経済新聞出版

白川方明（2018）『中央銀行──セントラルバンカーの経験した39年』東洋経済新報社

須田美矢子（2014）『リスクとの闘い』日本経済新聞出版

田中隆之（2014）『アメリカ連邦準備制度（FRS）の金融政策』金融財政事情研究会

日本銀行金融研究所編『日本銀行の機能と業務』有斐閣

日本銀行webサイト

秀島弘高（2021）『バーゼル委員会の舞台裏──国際的な金融規制はいかに作られるか』金融財政事情研究会

7　もともとは第一次世界大戦の処理のために1930年に設立された。

第 2 部

国債の流通市場

第3章 **国債流通市場の歩み**
──金融機関による国債フルディーリング
開始からRTGS決済の開始まで

1. はじめに

　国債市場は、財務省が入札を実施し新規国債が発行される発行市場（プライマリーマーケット）と、発行された国債が取引される流通市場（セカンダリーマーケット）に大別され、流通市場はさらに店頭取引（投資家と証券会社等の仲介者による相対取引）と取引所取引に分類される。国債は為替市場や株式市場と異なり、入札により新規国債が繰り返し発行されることから、銘柄数が多く、取引内容も複雑で相対交渉等により瞬時に取引を成立させる必要があることから、店頭取引が主流となっている。

　国債の売買高は、公社債市場全体において約90％を占めている。国債売買高の比率が高い理由は、発行額や残存額が他の債券に比べてきわめて多く、信用リスクがほぼゼロの資産として評価されていることから、大口資金を運用する投資家の資金が集まりやすく、いつでも換金できる高い流動性が保たれているためである。

　国債流通市場には、機関投資家（保険会社、投資信託、銀行等）、証券会社等の債券ディーラー、仲介業者などさまざまな業態の参加者が存在し、なかでも証券会社等の債券ディーラーが大きな役割を担っている。国債は銘柄数が非常に多く、取引内容が複雑で、投資家の取引ニーズに合致した相手を瞬時に見つけることが困難であることから、証券会社等のディーラーが仕切売買（顧客の売買注文に対して、これを受けた証券会社等が直接その相手方となって、自己の計算で売買に応じること）によっていったん取引を成立させることにより、市場の流動性を確保している。

また、国債を発行する財務省は、市場参加者との意見交換を通じて国債流通市場の状況を把握し、発行の段階で金額や年限等を工夫することにより、国債市場の流動性維持・向上を図っている[1]。

　国債流通市場は1985年に残存期間制限のない国債フルディーリングが認可されて以降、さまざまな問題に直面しながら整備が進められてきた。そのような国債流通市場の歩みについて、日本国債清算機関誕生の契機となった2001年の国債決済RTGS化までを振り返ってみる。

2．1985年：金融機関による国債フルディーリング開始

　現在、国債から戦争を連想する市場関係者はほとんど存在しないと思われるが、終戦後の日本では軍事公債の発行が財政面から軍部の暴走を招いたとして、国債に戦争への連想がつきまとっていたこともあり、戦後20年間は国債が発行されることはなかった。

　1950年代は経済成長に伴う好況期に自然増収が発生し、これが次の景気後退の財源として活用されていたが、1960年代に入ると東京オリンピック後の不況で景気が後退し、1965年は大幅な税収不足により国債発行が避けられなくなった。その後、1973年に発生した第一次オイルショックがもたらした不況による税収不足をきっかけに、大量の国債が発行され続けることとなった[2]。

　1966年に国債発行が始まり、そのほとんどは金融機関[3]が引き受けるかたち（国債引受シンジケート団（シ団）による引受け）で発行されていたが、発行後1年を経過した国債は日銀が買入オペレーション（国債買入オペ）により金融機関から買い入れ、市場に資金を供給していた。1975年から赤字国債の大量発行が始まったが、日銀が従来どおりの国債買入オペを継続すると市

1　国債市場特別参加者会合や国債投資家懇談会等があり、詳細は第1章参照。
2　一般会計予算における公債依存度は、1970年代前半は10％台であったところ、1970年代後半は30％台に上昇した。
3　本章においては預金取扱金融機関をいう。

中に通貨が大量に供給され、インフレを招くおそれがあることから、日銀の国債買入オペ比率は大幅に低下することとなった[4]。

　国債は市中売却が事実上禁止されていたことから、国債の大量発行と日銀国債買入オペ比率の低下により、金融機関は国債の大量保有を余儀なくされた。資金ポジションが圧迫された金融機関による保有国債市中売却制限撤廃の要望が高まり、1977年から発行後1年を経過したものについて、金融機関による売却が認められ、流通市場に対する国債の供給が増加することとなった。

　その後、金融機関による国債の売却制限は徐々に緩和され、1983年4月には新発債の窓口販売（窓販）が開始された。公共債のディーリングは1984年4月に残存期間2年未満という制限をつけて認可され、1985年6月からは残存期間制限のない、いわゆるフルディーリングが認可された。1985年9月にはプラザ合意によるドル高修正により急速な円高が進行し、国内景気が低迷したことから長期金利が低下し、金融緩和状態が継続することとなった。同年10月には東京証券取引所で債券先物取引がスタートし、以降、国債の売買高が飛躍的に増加した。

3. 1997〜1998年：2008年問題

　2008年に償還を迎える国債が多額にのぼり、国債市場の需給安定に懸念が生じた問題を「2008年問題」と呼んだ。背景は、1997年秋以降に景気減速が強まり金融不安が生じたことから、1998年4月と11月の二度にわたり大型補正予算が編成され、10年利付国債が大量に発行されたことによる（10年新規国債発行：当初計画13兆円、実績23.2兆円）。

　当時、大蔵省資金運用部が毎月2,000億円の国債買入れを実施していたが、1999年1月以降は買入れを停止することが決定しており[5]、国債の大量

4　日銀の金融機関に対する国債買入オペ比率：1973年度：99.9%、1976年度：63.2%。
5　大蔵省の資金運用部が財政投融資計画の余資運用の一環で実施していた国債買切オペについて、購入資金を景気対策のほうに回すためとして打ち切りを表明していた。

図表2-3-1　国債発行の銘柄種別や年限の多様化

時期	出来事
2000年6月	15年変動利付債発行開始
2003年1月	ストリップス債導入
2003年3月	個人向け国債導入
2004年3月	物価連動国債発行開始
2007年11月	40年債発行開始

発行による需給悪化懸念が強まった。

その結果、1998年11月に0.8%台だった10年利付国債の利回りが、1999年2月には2.3%台まで上昇した。このような金利上昇局面で、国債発行を安定的に消化するために、安定消化が期待でき、発行予定額全額の発行が保証されているシ団引受の対象であった10年利付国債への依存度が高まったものと考えられる（新規国債発行増加の7割が10年債でカバーされた）。

2008年問題を教訓に、金利上昇による市場の混乱を未然に防止するために、2003年2月以降、財務省は国債管理政策として国債の一部買入消却を実施し、償還年限の平準化を図っている。また、国債の円滑な消化に向けた施策として、国債発行の銘柄種別や年限の多様化が図られている（図表2-3-1）。

また、国債入札時における価格競争入札比率が段階的に引き上げられ（シ団引受シェアは段階的に引下げ）、長年続いてきたシ団による引受制度は2006年に廃止され、プライマリーディーラー制度が導入された。

4．1998年：取引所集中義務の撤廃

バブル経済が崩壊し不良債権処理が進められるなか、日本の金融市場をニューヨーク、ロンドンと並ぶ国際金融センターに再生させるための取組み（日本版金融ビッグバン構想）が実施され、1998年12月に改正証券取引法が施行された（図表2-3-2）。

図表２－３－２　改正証券取引法施行に伴う主な変革

時期	変革の内容
1998年12月	証券業の免許制から登録制への移行
1998年12月	取引所集中義務の撤廃
1999年4月	有価証券取引税、取引所税の廃止
1999年10月	株式委託手数料の自由化

　取引所集中義務は、市場外取引など投資家の新しいニーズへの対応や、私設取引システム（PTS）などとの市場間競争を促す目的で1998年12月に廃止された。

　そのようななかで東京証券取引所に上場している国債についても、小口取引（100万円以上1,000万円未満）においては取引所集中義務があったところ、株式等と同様に集中義務が廃止された。また、この小口取引については、野村證券、大和証券、日興証券、山一證券[6]の証券大手4社が輪番で値付け業務（マーケット・メイク）を手がけ、価格形成を支えてきたところ、当該集中義務廃止に伴って1998年12月以降、値付けを行わないこととされた。

　もっとも、国債の価格公表制度は、取引の円滑化、公正な価格形成、投資者保護等の重要な役割を果たしていたことから、日本証券業協会は「公社債基準気配（現在の公社債売買参考統計値)」を見直し、それまで非上場公募公債のうちから公表銘柄を選定して公表していたところを、上場国債についても公表する制度に改めた。公社債売買参考統計値は市場を取り巻く環境の変化にあわせ、現在に至るまで数次の見直し・改善が図られている。

　なお、国債の取引価格については、債券業者間取引仲介業者を通じて公表されるものもあり、それぞれの国債価格は利用者の立場に応じて選択・利用されている。

6　山一證券は取引所集中義務撤廃より前の1997年に自主廃業している。

5．1999年：指標銘柄制度廃止

　現在の国債流通市場は、新発債だけでなく多数の既発債も売買される市場であるが、1999年までは指標銘柄（ベンチマーク）と呼ばれる10年利付国債の特定銘柄が日本国債市場のシンボルともいうべき存在で、国債売買全体における大半を占めていた。

　指標銘柄の定義について明確な基準はなく、市場関係者の間では、10年利付国債で表面利率が市場実勢利回りに近いこと、発行残高が多いこと（同一回号で複数月に発行され、利払日を迎えて銘柄統合された銘柄であること）、保有者が特定の投資家に偏っていないこと、取扱高が最も多い銘柄であることなどの目安があり、債券業者間取引仲介業者（Broker's Broker、BB）である日本相互証券のブローカースクリーン（端末画面）最上段に表示される銘柄と認識されていた（取扱高が最も多い銘柄がスクリーンの最上段に表示されていた）。

　債券ディーラー間の会話で、いつから債券の仕事をしているのかという質問に対し、「89回債からです（1986年11月に指標銘柄となった銘柄）」と、指標銘柄の回号を言うだけでその人の債券のキャリアがわかるほど指標銘柄はマーケットに定着していた。

　指標銘柄は、同一回号で複数月に発行された銘柄が、利払日を迎えて銘柄統合された後に指標性を有することから、早くても発行から半年を経過しないと指標銘柄にはなれなかった。また、指標銘柄として取り扱われる期間は約1年で、10年利付国債の指標銘柄であるにもかかわらず残存期間は長くても9年半であり、指標銘柄交代直前には残存期間が8年台となっていた。指標銘柄が次の銘柄にスムーズに交代しないケースもあり、182回債（1995年7・8月発行）については、残存期間7年を切り国債先物受渡適格銘柄の対象から外れても指標銘柄として取り扱われていた。

　当時の決済は現在とは異なり、5・10日（ごとおび）の月6回決済が行われており、一つの決済日に対して複数の約定日が設定（例：8月27・28・29

日の約定分は、すべて9月10日に決済）されており、決済日が同一である約定日の期間内に反対売買が可能であったことから、指標銘柄のディーリングが活発に行われていた。

1996年9月には、5・10日決済からT＋7のローリング決済（約定日の7営業日後に決済を行うT＋7）に移行し、翌1997年4月にはT＋3決済に移行した。その結果、指標銘柄の制度を維持していくことは困難となり、1999年3月以降の211回債（4月発行）からは、毎月入札される新発10年国債が長期金利の継続的指標として、BBのブローカースクリーン最上段に表示されるようになった。

6．2001年：国債リオープン方式導入

毎月入札が実施されている利付国債は、リオープン方式が導入されるまでは、同一の条件（年限、回号、表面利率、元利払日等）で発行されても、初期利払日を迎えるまでは回号に枝番をつけて（例：10年129回−11月債）、それぞれ別々の国債として取引されていた（初期利払日を迎えると枝番が外され、銘柄統合により同一銘柄として取扱いが開始された）。2001年3月から、国債の流動性を高めることを目的に、新規発行国債の元利払日と表面利率が、既発債と同一である場合、既発債と同一銘柄の国債として追加発行（リオープン）することとされ、発行時点から同一銘柄として取り扱う方式（即時リオープン）方式が導入された。

7．2001年：国債決済のRTGS化

国債の決済は、日本銀行金融ネットワークシステム（日銀ネット）を通じて行われる。日銀ネットは「当座預金系」と「国債系」の2つのシステムで構成されていた。1994年までは、資金決済は決済日の13時に、国債決済は15時に行われていた。資金決済と国債決済には2時間のタイムラグがあり、資金決済から国債決済までの2時間に決済参加者に破綻が発生した場合、資金を支払っても国債を受け取れないというリスクが存在していた。

このデフォルトリスクを解消するために、日銀ネットの「当座預金系」と「国債系」を統合し、資金決済と国債決済を同時に行う方式、国債DVP（Delivery Versus Payment）決済が1994年に導入された。

　国債DVP決済導入後は、約定日から決済日までの間に存在する未決済ポジションの縮小が制度見直しの中心となった。既述のとおり、1987年に始まった月6回決済を行う5・10日決済は1996年9月で廃止となり、同年10月からは毎日決済を行うローリング決済へと移行し、翌1997年4月にはT＋3に決済期間が短縮化された（その後、2018年5月にはT＋1に決済期間が短縮化された）。

　ローリング決済導入に伴い未決済ポジションは縮小されたものの、国債の決済は1日1回15時にまとめて処理を行う時点処理が続いていた。時点処理は決済が集約され効率的である半面、システミック・リスク（一部の決済参加者に決済不履行が発生すると、連鎖的に他の決済参加者に影響を及ぼすリスク）が存在した。1件当りの決済金額を小口分割し、1件ごとに即時ファイナリティを与えて未決済残高の積み上がりを回避する即時グロス決済（RTGS決済）を導入する動きが世界的に広がっており、日本でも2001年1月にRTGS決済が導入されることとなった。

〈参考文献〉
財務省（2020）『債務管理リポート2020』
米澤潤一（2017）『国債が映す日本経済史』FNコミュニケーションズ
日本相互証券（2008）『日本相互証券史　創業三十五周年』
吉田博光（2005）「「2008年問題」がもたらした教訓：重要性が高まる国債管理政策」（経済のプリズム創刊号）参議院事務局企画調整室

第4章 国債売買・レポ取引

1. 国債流通市場の状況

(1) 国債の発行残高と保有者層

国債の発行残高は、普通国債と財投債をあわせて2021年3月末時点において1,105兆円に達している。基礎的財政収支（プライマリーバランス）の黒字化を目指しているものの、景気低迷に伴う税収不足が長期化し、一般会計における国債費が20％を超える状況が25年以上継続し、国債の発行残高は増加を続けている[1]。

一方で、2013年に日本銀行が導入した「量的・質的金融緩和」の枠組みのもとで金融市場調節による国債の大規模購入が継続しており、日本銀行の国債保有残高は2021年3月末時点で国債発行残高の約半分に相当する496兆円に達している。その結果、2010年12月末と2020年12月末を比較すると国債保有者層は大きく変化している（図表2-4-1）。

(2) 国債発行年限の多様化

金融機関によるディーリングが開始された1985年当時は、新規発行国債の半分以上を国債引受シンジケート団による安定消化が見込める10年長期国債が占めており、指標銘柄（10年長期国債の代表銘柄）に取引が集中していた。1990年代に入りバブル経済が崩壊し、景気減速や金融不安に伴う景気対策の

---

1 過去10年間（2011年4月から2021年3月まで）における平均増加率は3.8％となっている。

図表２－４－１　国債（国庫短期証券を含む）の保有者比率
　　　　　　　（2009年12月末〜2020年12月末）

《比率が大きく変化した保有者》
・日本銀行：8.0％から44.7％に大幅増加
・銀行等　：45.0％から16.3％に大幅減少
・海外　　：4.8％から13.3％に大幅増加

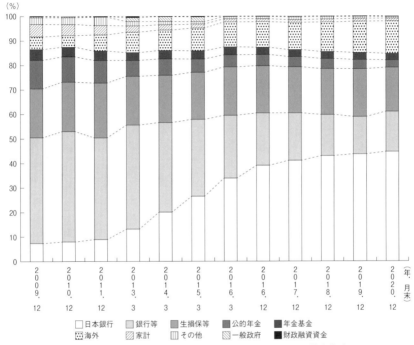

（出所）　財務省債務管理リポート、日本銀行時系列統計データから筆者作成

　大型補正予算として10年長期国債が大量に発行された結果、特定の年度に償還が集中する問題（いわゆる2008年問題）が発生した。これを契機に財務省による国債管理対策が強化され、発行年限の多様化が進み、新規発行国債に占める10年国債の比率は低下することになった。

　2020年度の新規発行国債における発行年限の比率は、超長期国債（40、30、20年債）が約13％、10年長期国債が約14％、中期国債（5、2年債）が約29％、1年未満の短期国債が約39％、その他（流動性供給入札、10年物価連動

図表２－４－２　新規発行国債における発行年限比率と平均償還年限

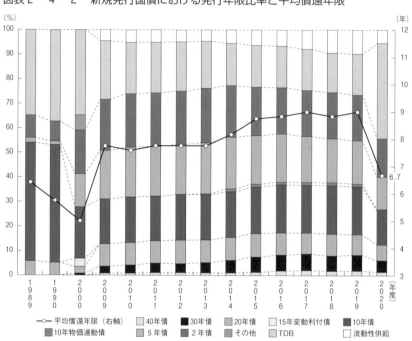

（出所）　財務省債務管理リポートから筆者作成

国債）が約５％といった構成になっている。なお、新規発行国債の平均償還
年限は、2013年度以降30年債と40年債の発行が増加傾向となっていたことか
ら2019年度までは徐々に長期化していたが、新型コロナウイルス感染症に関
連した経済対策として１年未満の短期国債が大量に発行された影響により、
2020年度は6.7年に短期化した（図表２－４－２）。

２．国債の取引

（1）　国債の売買

　現物の売買取引は、反対売買を伴わない単純な売り切り・買い切りで、ア
ウトライト取引と呼ばれている。金融機関と投資家の相対取引や、仲介業者

を利用した取引などがあり、国債の公募入札取引や、日本銀行の金融市場調節取引（買入オペレーション等）もこれに該当する。

　また、現物の売買取引として異なる銘柄の交換を同時に行う入替取引（スワップ取引）も行われている（例：20年143回債と20年144回債の入替え）。現物国債は、保有する国債が償還を迎えた場合、償還金で新発債に乗り換えるロールオーバー取引が行われることが多い。

　一方、新発債を購入したら償還まで売却せずに保有する（バイアンドホールド）投資家や、相場水準とは関係なく担保としての利用を目的に購入する投資家も存在し、市中に出回らない国債も存在する。現物国債のディーラー間取引は新発債が40〜50％を占め、新発債の入札日は落札結果を受けた在庫調整取引等で取引が活発になる傾向がある[2]。

　国債の売買における取引単位は相対取引のもとで制限はないものの、額面5億円が基本となっている。5億円未満（端債）の取引や5億円の整数倍に端数をつけた取引もあるものの、5億円単位の売買より条件が悪くなるのが一般的である。

　また、取引条件は利回りベースでの交渉となり、利付債と国庫短期証券（TDB）は0.005％刻み（利回りが0.1％以下のTDBは0.001％刻み）、物価連動国債と15年変動利付国債は単価での取引が基本となる。もっとも、引き合い（個別の交渉）により、オファービッドの間をとって約定するケースもある（例：0.0025％など）。

　国債の売買において債券仲介業者（債券ブローカー）を利用した取引は大きな役割を有している。債券ディーラーは、新発債の落札結果を受けた在庫調整や、投資家との仕切売買に応じるための自己ポジションの調整、決済用の国債調達（ショートカバー）、資金調達や資金運用（レポ取引）などに債券ブローカーを利用している。

　債券ブローカー利用のメリットは、社名を知られずに（ブラインドで）取

2　日本銀行「国債市場の流動性指標」参照。

引が可能であることや、ある程度まとまった額を取引できること、取引相手を自分で探す時間や手間が省けること、ブローカーとの対話（電話）により売買の勢いや相場の雰囲気を把握できることなどがあげられる。

店頭取引は取引時間の制約がなく24時間取引されうるものの、ブローカー取引においては前場・後場（昼休みあり）、イブニング・セッションなどの取引時間が設定されている[3]。注文は、銘柄、売買の別、額面、レート、決済日等を指定して行われる。

債券ブローカーの端末にはファームオーダー（指値）のオファービッド、出来値、出来高、前日比などが表示されている。このような電子上の取引に加えて、電話による注文も行われている。債券ブローカーはオファー先とビッド先それぞれと同レートでの売買を成立させることで、自身の売りと買いのポジションはフラットになり、取引ポジションを有せずに仲介機能を果たしている。

(2) デリバティブと組み合わせた取引

現物取引に加えて、デリバティブ取引においても国債が用いられており、先物やオプション取引やスワップ取引と組み合わせた取引がみられる[4]。

国債の現物と先物を交換するベーシス取引では、現物国債とそれに見合う数量の先物取引を同時に行う。国債の現物と先物の価格差（ベーシス）を利用して利益を得る取引方法で、裁定取引ともいう。

オプション取引には、店頭で取引が行われている国債店頭オプション取引（国債現物が取引対象）と、取引所で取引が行われている国債先物オプション取引（国債先物が取引対象）がある。国債店頭オプション取引は契約日から受渡日まで最長1年3カ月という制約があり、第三者に転売することができない[5]。

3　現状において決済日はT＋1が原則であり、イブニング・セッション以降の取引ではT＋2になる。
4　取引所に上場している先物や先物オプションについては第5章および第6章を参照。

国債店頭オプション取引は期間や転売に制限があるためか、期先物が取引の中心となっている。購入を予定する国債や保有する国債のヘッジ戦略として、国債の購入と同時に当該国債を対象としたコールオプションを売る「バイライト」や、保有する国債を対象としたコールオプションを売る「カバード・コール・ライティング」など、国債現物とオプション取引を組み合わせて取引されることが多い。

　金利スワップ取引は、異なる金利（固定金利とOISなどの変動金利、または異なる変動金利同士）を交換する取引で、元本の取引は行わず金利のみを交換する。国債の購入と同時に同年限スワップの反対ポジションをパッケージで取引するアセットスワップが代表的な取引で、実質的に国債のロングポジションとショートポジションをとる取引と同じ効果をもつことから、金利変動リスクのヘッジ商品として利用されている。国債と金利スワップの裁定取引も活発に行われている。

（3）　レポ取引

　短期金融市場における取引の1つとして、国債を担保に債券と資金を一定期間にわたって交換するレポ取引が用いられている。交換を行う期間の開始はスタート決済、終了はエンド決済等と称され、スタート決済において債券と資金が交換され、エンド決済においてその反対の交換時に資金にレポレートが加えられた金額が決済される。

　レポ取引には、売買の性質をもつ現先取引と、貸借の性質をもつ現金担保付債券貸借取引の2つの取引形式が存在している。

　現先取引は、買戻しまたは売戻しを条件に行われる取引で、銘柄を特定して行う先決め現先取引と、金額だけを決めて約定し、約定後に銘柄を決定する後決め現先取引がある。現先取引の売り方は購入した国債の資金調達手段

5　国債先物オプション取引は、3、6、9、12月から直近2限月とそれ以外の1カ月刻みの2限月（合計4限月）が設定されており、国債先物を購入または売却できる行使価格ごとに取引所に上場されている。

（ファンディング）として、現先取引の買い方は手元資金の運用を目的に取引を行うことが多い。

　貸借取引は、消費貸借形式の取引で、売買形式の現先取引とは異なり有価証券取引税（1999年廃止）が課されないことから、資金調達手段として選好されていた。2005年に日本国債清算機関（JGBCC）が債務引受けを開始すると、JGBCCのネッティング機能や決済保証機能が取引参加者に好感され、貸借取引や現先取引の売買高が大きく増加した。そのようにわが国のレポ市場において貸借取引がレポと呼ばれる状況であったところ、グローバルスタンダードにあわせるように国債決済期間短縮化を契機に現先取引への移行が進められた[6]。

　また、レポ取引は運用・調達を目的とするSCレポ取引（special collateral）と、債券を実質的な担保として資金の運用・調達を目的とするGCレポ取引（general collateral）に分類される。SCレポ取引とGCレポ取引ではその性質から担保となる銘柄の特定のタイミングが異なる。SCレポ取引では約定時に担保となる銘柄を特定する一方で、GCレポ取引ではまず金額の合意が行われ、その後に銘柄割当て、約定というフローとなる。通常のGCレポ取引ではこの銘柄割当てを取引当事者同士で行っている。

3．国債取引の状況

(1)　投資家別の動向

　国債の売買高（現先売買を除く）を投資家別にみると、「債券ディーラー」[7]が全体の半分を占めている。「債券ディーラー」は国債の公募入札に参加し多様な年限の国債を在庫として豊富に取り揃え、マーケットメーカーとして

6　詳細は第12章および第13章参照。本書では貸借取引と現先取引をあわせて広義のレポ取引として記している。
7　本データにおいては日本証券業協会の会員（証券会社）および特別会員（登録金融機関業務に係る取扱いのみ）を指している。

投資家の取引ニーズに応え流動性を供給していることから売り・買い両サイドの売買高が多くなっている。

　「債券ディーラー」に次いで売買高が多いのは「外国人」で、ドル円ベーシス・スワップ等を利用して円資金を調達し、1年未満の短期国債を中心に投資額を増やしている（2004年度181兆円：6.4%⇒2020年度545兆円：20.9%）。

　「その他」には、国債入札発行の事務代行や金融市場調節（オペレーション）を行っている日本銀行や、ゆうちょ銀行、年金積立金管理運用独立行政法人（GPIF）などが含まれており、常に15〜20%程度のシェアを占めている（2004年度470兆円：16.5%⇒2020年度701兆円：26.9%）。

　一方、「都市銀行（長信銀等を含む）」（2004年度257兆円：9.0%⇒2020年度123兆円：4.7%）や「信託銀行」（2004年度166兆円：5.8%⇒2020年度125兆円：

図表２−４−３　国債投資家別売買高（除く現先）

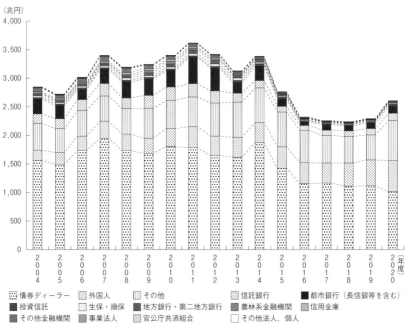

（出所）　日本証券業協会公社債投資家別売買高から筆者作成

4.8％）は、マイナス金利政策が導入された2016年1月以降、売買高が低下している（図表2－4－3）。

　売買高を「売り越し」または「買い越し」といった側面でみた場合、「債券ディーラー」は年度単位で売買ポジションを「売り越し」「買い越し」どちらか片方に大きく傾けることなく、ほぼフラットな売買ポジションになっている。

　日本銀行のマイナス金利政策により生じた余剰資金が国債に向かっているためか、多くの金融機関が「買い越し」となっている一方で、「その他」は

図表2－4－4　国債投資家別売買動向（売り越し、買い越し）

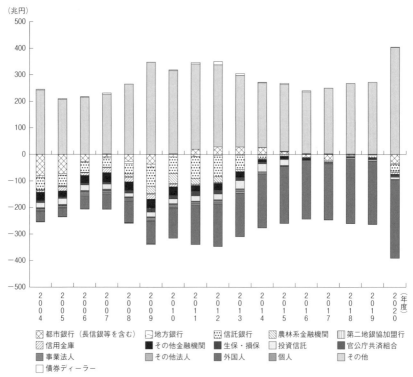

（注）　グラフのプラスは売り越し、マイナスは買い越し。
（出所）　日本証券業協会公社債投資家別売買高から筆者作成

日本銀行が国債入札発行の事務を代行していることから大幅な「売り越し」となっている（図表2−4−4）。

(2)　安定的な現物国債の売買

　取引の活発さを表す指標の1つとして、売買回転率の推移をみてみる。これは国債の発行残高と現物国債の売買高（除く現先）の比率をいう。

　マイナス金利政策が導入された2016年以降は年平均2.4回となっているが、指標銘柄[8]のディーリングがおおいに盛り上がった1987年度は28.5回と驚異的な回転数を示した（図表2−4−5）。

　1987年当時は、指標銘柄と呼ばれる特定の銘柄に取引が集中し、指標銘柄は流動性がきわめて高く常に直近出来値がオファービッドどちらかに提示され、いつでも反対売買が可能な状況にあった。決済も毎日決済が行われる現在とは異なり、5・10日決済と呼ばれる月6営業日しか決済日がなく、各決済日に対応する3〜4営業日のなかで反対売買が可能であったことから短期的なディーリングが行われていた。

　国債の発行年限が多様化した現在は、特定の銘柄だけでディーリングを行う取引はみられず、イールドカーブの傾き（フラット化やスティープ化）やイールドカーブの変化（特定年限の強弱のゆがみ）などに着目した取引が主流となっている。

　国債の発行残高は増加を続けているものの、発行残高の約半分は日本銀行が保有している。また、売買高には日本銀行の金融市場調節取引分や国債の公募入札分が含まれている。これらの状況を考慮し、国債の市中流通残高（発行残高から日本銀行保有残高を控除）と、日本銀行の金融市場調節取引分と国債の公募入札取引分を控除（売り方・買い方両方から控除）した売買高で、公募入札や金融市場調節に絡む取引を除いた売買回転率を算出してみた。

8　指標銘柄については第3章参照。

図表２－４－５　売買回転率

（兆円）

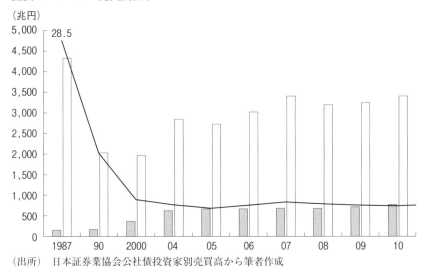

（出所）　日本証券業協会公社債投資家別売買高から筆者作成

図表２－４－６　売買回転率（市中流通残高ベース）

（兆円）

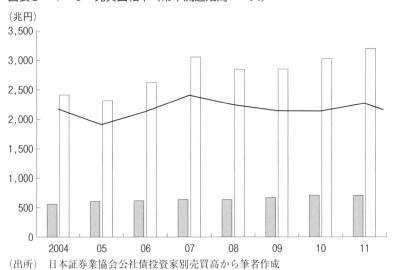

（出所）　日本証券業協会公社債投資家別売買高から筆者作成

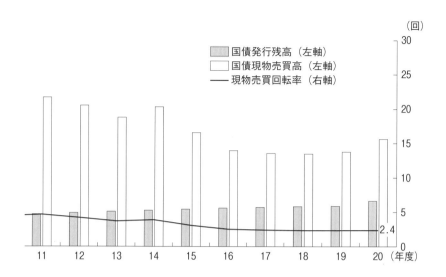

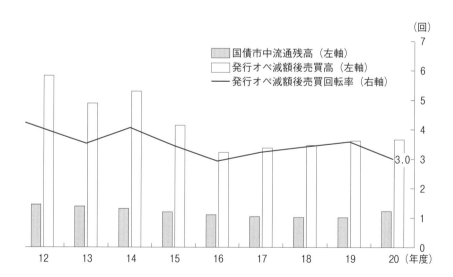

2004年度から2012年度まではおおむね4.0〜4.5回で推移しており、「量的・質的金融緩和」（2013年4月）や、マイナス金利政策（2016年1月）が導入された後に売買回転率は低下しているものの、2017年度以降は若干増加傾向となっていた。2020年度は新型コロナウイルス感染症に関連した経済対策で国債が大量に発行され市中流通残高が大幅に増加したことから若干低下した（図表2－4－6）。

(3) レポ取引の変化

　現先取引は、資金調達・資金運用手段として利用されており、オーバーナイトを中心とする短期取引のロールオーバーが繰り返されていることから、反対売買を伴わない売り切り・買い切りの現物の売買取引に比べて売買高が数倍の規模になっている。

　2008年のリーマンショック後は金融危機に伴う信用収縮等により売買高が低迷する時期がみられたが、2011年度以降は上昇傾向となり、2018年5月の

図表2－4－7　国債売買高比較（現物、先物、現先、債券貸借、バスケット）

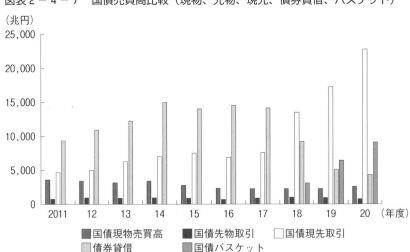

（注）　貸借取引は国債以外の債券を含む新規成約高（債券貸付および債券借入の合計）。
（出所）　財務省債務管理リポートから筆者作成

国債の決済期間短縮化以降は銘柄後決め現先取引のバスケット取引とあわせて売買高が大幅に増加している。

　わが国では現先取引と貸借取引が併存していたが、世界的な主流は売買形式の現先取引であることから、貸借取引から現先取引への移行が望まれたものの、経済的効果は現先取引と貸借取引に大きな違いはなく、新たに現先契約を締結する必要があったため、現先形式への移行はなかなか進まなかった。その後、国債の決済期間短縮化を契機に貸借取引から現先取引への移行が進められており、貸借取引の売買高は減少している（図表２－４－７）。

〈参考文献〉
財務省（2021）「債務管理リポート」第Ⅲ編　資料編
日本銀行時系列統計データ
日本証券業協会公社債投資家別売買高

デリバティブの基礎

1. はじめに

　第5章と第6章では現物国債から少し離れて国債先物、国債先物オプションについて触れる。そもそも先物、オプション取引とは、株式（日経平均株価等の指数も対象）、債券、金利、商品等の原資産価格に応じて価格が動くデリバティブ（派生商品）の一種である。一般的にデリバティブというと先物、オプション取引以外にも、スワップ、フォワード取引等も含まれる。日本取引所グループの傘下にある取引所として東京証券取引所が主に個別株式等を、大阪取引所および東京商品取引所がデリバティブ商品を取り扱っている。

　本章では大阪取引所（以下「OSE」という）に上場している先物、オプション取引制度の基本を概説し、次章において国債デリバティブのなかでも特に流動性が高い2商品である長期国債先物、国債先物オプション（以下「JGB先物」「JGBOP」という）にフォーカスする。

2. 先物、オプション取引の概要

　先物、オプション取引を行う目的は投資家によってさまざまである。保有原資産のリスクを低減させるヘッジとしてのメリットもあれば、日経平均株価指数といった有名な指数を先物というかたちによって少額で取引できるメリットもあるだろう。本節ではそんな先物、オプション取引の用語を中心に解説していく。

　本章では、はじめに先物取引の概要および決済方法までを解説し、続いて

オプション取引についても権利行使価格等のオプション取引に特有の制度についてみていく。そして最後に清算値段および証拠金制度について概説することで、先物、オプション取引について俯瞰する。

なお、以下の内容は2020年4月末時点での取引制度についての記載であるため、直近の情報については日本取引所グループおよび各証券会社のHP等を参考にしていただきたい。また、以下に出てくる具体例は手数料等をいっさい考慮していないので、その点はあらかじめ認識されたい。

3．先物取引

先物取引とは「将来のあらかじめ決められた期日に特定の原資産を現時点の価格で売買する取引」のことである。ここで先物、オプション取引の期限が満了となる月のことを「限月（げんげつ）」といい、各限月にその銘柄が取引できる期日を示す取引最終日や最終決済を行う満期日が設定されている。

また、各商品で相対的に早く取引最終日を迎える銘柄（残存日数が少ない銘柄）を期近限月、その逆を期先限月、最も早く取引最終日を迎える銘柄を第一限月、最も取引高が多い限月を中心限月という。OSEに上場している指数先物および国債先物では期近限月において取引高が多くなる（流動性も高くなる）傾向にあり、第一限月と中心限月が一致することも多い。商品によって限月、取引最終日、満期日の設定方法は変わるが、たとえばOSEのなかでメジャーな商品である日経225先物だと期近限月で2020年6月限（ぎり）、2020年9月限、2020年12月限……と3カ月ごとに設定されている。この時点での第一限月および中心限月は2020年6月限となる。

次にどの程度の額を1単位の先物で動かせるのかみていこう。再び日経225先物を例にとると先物を1単位買う、もしくは売ることで先物価格の1,000倍の額を「建玉（もしくはポジション）」として1単位保有できる。この額のことを取引単位といい先物価格が20,000円だと2,000万円となる。ここで、取引単位を考慮した金額全体のことを想定元本と呼ぶこともあり、損

益計算時に必要な考えとなる。

　注文控えで注文を付け合わせる立会内取引では先物価格が10円ごとに設定されているため（呼値の単位、刻み値）、呼値1つ分（1ティック）の値動きで10円×1,000倍で10,000円の損益が生じる。日経平均株価と日経225先物価格はほぼ完全に連動し、日経平均株価は1日で100円動くこともよくあるので、日経225先物の建玉を1単位もっているだけで100円×1,000倍の10万円程度の損益が日次で発生する。

　ここで、日経225先物を例に先物価格と原資産価格の関係について掘り下げる。一般的な取引単位の説明では「日経225先物の1取引単位は日経平均株価の1,000倍」とされている。

　ここで注意したいのが、たとえば日経平均株価が20,000.11円であった場合に、単純にその1,000倍の2,000万110円の金額を先物の1単位として板上ですぐに取引できるわけではないということだ。日経225先物はたしかに1取引単位当り日経平均株価の1,000倍の値段で最終的に決済されるが、その過程の段階では先物取引の需給、金利、配当金等により日経225先物価格は日経平均株価から多少乖離しうる、ということである。

　日経平均株価は構成銘柄の株価からリアルタイムで算出される数値であるのに対し、日経225先物価格はあくまで先物の板上で示される実勢価格である。この先物価格と原資産価格の値段の決まり方の違いを明確に表す例として、指数先物ではないが、ニューヨークマーカンタイル取引所（NYMEX）2020年5月限WTI原油先物価格が2020年4月にマイナスになってしまったケースがあげられる。このケースでは原資産であるWTI原油の価格がゼロ円以下になり世界から需要が消滅したわけではなく、WTI原油先物5月限を取引していた投資家間で需給が大きく乱れたことによる暴落であった。

　最後に先物価格と原資産価格の関係についてまとめる。この2つの価格は互いに相関が高い一方で、取引期間中のお互いの価格は別の投資家による需給に基づいて動いているため価格は多少乖離しうる、ということだ。後述のJGB先物の説明でも先物価格と原資産価格の関係については触れるのでぜひ

押さえておこう。

続いて「カレンダー・スプレッド取引」について説明する。最初の先物の説明にもあったように先物は一定期間で最終決済をする（建玉を解消する）ことが前提の商品設計となっている。そのため、先物の建玉をより長期で保有したい場合には、定期的に期先の限月に建玉を移す必要がある。これを「ロールオーバー」といい、直近限月の先物が取引最終日に近づくにつれて活発になる傾向がある。

具体的に日経225先物2020年6月限の買建玉を1つ期先である2020年9月限に移す例を考えてみよう。このとき2020年6月限の買建玉を解消するために売り、2020年9月限を新たに買い直す、という2つの取引を行う必要がある。もちろんこれらの取引を別々に行うことも可能であるが、同一商品内の2つの異なる限月取引であれば同時に行うことができる。このとき、2つの限月間の価格差（カレンダー・スプレッド）により取引を行うため、カレンダー・スプレッド取引と呼ばれている。

4．先物取引の決済方法

先物の決済には基本的に「反対売買」と「最終決済」の2通りの方法があり、この点については後述のオプション取引も同様である。

まず反対売買について説明する。先物は売り買いのいずれからでも取引を開始できるが、反対売買とはすでに保有している買建玉もしくは売建玉を取引最終日前に決済してしまうことだ。買建玉を保有している場合は売り注文を成立させ（転売という）、売建玉を保有している場合は買い注文を成立させる（買戻しという）ことによって、建玉を解消することになる。転売・買戻しのいずれの場合でも、売り金額が買い金額より高ければ投資家はその差額を利益として受け取り、逆であればその差額を支払うことになる。これを差金決済という。

次に最終決済について説明するが、最終決済方法は商品ごとに大きく異なるため、ここでは比較的単純な日経225先物を例に説明する。日経225先物の

最終決済は特別清算数値（SQ値）により行われる。

　たとえば日経225先物のSQ値は「取引最終日の翌営業日における各構成銘柄の始値に基づき算出した特別な日経225」となっている。ここでSQ値は取引最終日の終値ではなく、翌営業日の日経225指数構成銘柄の始値に基づく値であることは確認しておこう。このときの損益の計算は反対売買のときと同じ差金決済であり、買建玉を保有したまま満期日を迎えれば、SQ値で転売時と同じ差額を授受することになり、逆に売建玉を保有していれば、SQ値で買い戻したときと同じ差額を授受することになる。

　指数オプション、JGB先物、JGBOPの最終決済方法は日経225先物と異なる点が多い。詳細は後ほど紹介するが、先物取引とオプション取引はそもそも商品のコンセプトが違う、JGB先物においては原資産が指数ではないため最終清算数値が存在しない、といった点が主な相違点としてある。

5．オプション取引

　続いてオプション取引について説明する。オプション取引とは、「決められた期日（満期日）に、ある商品（原資産）を現時点で取り決めた価格（権利行使価格）で売買する権利の取引」である。オプション取引の定義は先物とやや異なるが、限月、取引最終日、刻み値、建玉といった言葉は先物と同様に利用される。

　その一方で先物とオプションで大きく異なる点は、オプションにおいては権利自体に値段（プレミアム）がつく点である。たとえば日経225先物と同じ日経平均株価を原資産とする日経225オプションでは取引が成立した時点でオプションの買い手が売り手にオプションのプレミアムの1,000倍（取引単位）の金額を支払う点である。またこの権利には売り買いの2種類がありそれぞれプット、コールと呼ばれる。

　ここまでをまとめると、「日経225プット2020年6月限18,000円の銘柄を、プレミアム10円で1単位買った」といったように各銘柄の取引内容を整理することができる。この意味するところは、「2020年6月の満期日に日経225指

数を18,000円で売る権利を10円で1単位買った」ということになる。この場合、オプションの買い手が売り手に実際に支払う額は取引単位が1,000倍なので1万円となる。

6．オプション取引の決済方法

オプションにも取引最終日前の反対売買による決済は先物同様に存在するが、ここでは投資家が最終決済をする場合を考えてみる。先ほどの「18,000円で売る権利」の買い手は、SQ値に応じて実際にオプションの権利を行使するかを選択できる。実際にはSQ値と権利行使価格の関係をもとに権利行使は自動で行われるが、重要な点としてオプションの買い手は最初に支払った1万円以上損はせず、SQ値が（18,000円より10円安い）17,990円以下となればプレミアムで払った1万円分も含めてプラスになる。

逆に売り手からこの取引をみてみよう。売り手は買い手に権利行使されなければ取引成立時に受け取った1万円をそのまま利益にできる一方で、相場の急変動があった場合には買い手の権利行使により大きな損失を被ることがある。見方を変えると、SQ値が18,000円以上でさえあればどれだけ高騰しても両者の最終損益は変わらないともいえる。SQ値が100円変われば常に100円分（×取引単位）の損益が生じる先物とこの点で異なる。

7．オプション取引の頻出用語

以上がオプションの基本的な仕組みの説明となるが、最後にオプション取引に頻出の用語を説明しておこう。

(1) 権利行使価格と原資産値段の関係

オプションは権利行使価格と原資産値段の関係によりアウト・オブ・ザ・マネー（OTM）、アット・ザ・マネー（ATM）、イン・ザ・マネー（ITM）の3つに大きく分けられる。

ある時点の原資産値段と比較して権利行使価格が最も近い銘柄をATM、

図表2−5−1　権利行使価格ごとのプレミアムのイメージ

コールプレミアム	権利行使価格	プットプレミアム
…	…	…
<u>72</u>	20,375	560
<u>100</u>	20,250	450
<u>175</u>	20,125	340
245	**20,000**	**250**
330	19,875	<u>180</u>
435	19,750	<u>125</u>
550	19,625	<u>83</u>
…	…	…

（注）　太字がATM銘柄、下線がOTM銘柄、それ以外がITM銘柄。

ATMを除く銘柄のなかで買い手が権利行使をしたときに損失が出る銘柄群をOTM、逆に買い手が権利行使をしたときに利益が出る銘柄群をITMと呼ぶ。

　例として日経平均株価が19,001円であったときのコールオプションを考えると、19,001円に最も近い19,000円の銘柄がATM、19,125円以上がOTM、18,875円以下はITMとなる（権利行使価格が125円刻みの場合を想定）。ちなみにコールオプションは権利行使価格が高くなるほど、言い換えるとITMよりもOTMのほうが、プレミアムは安くなる傾向にある。同じもの（原資産）を15,000円で安く買える権利と20,000円で高く買う権利のどちらがお得であるかを考えれば、この傾向は理解しやすいかもしれない。プットオプションは以上の傾向がすべて逆になる。ここまで述べた点をまとめたものを参考として載せておく（図表2−5−1）。

(2)　清算値段等

　各商品の日中立会終了後、JSCCが算出した銘柄ごとのその日の評価額を

清算値段という。清算値段は商品によって清算価格とも呼ばれるため、以降はこれらをまとめて清算値段等と記載する。清算値段等は翌取引日の各銘柄の基準値段、投資家の保有するポートフォリオ、リスク評価等に用いられる重要な値段である。通常は当日の取引終了後、次の取引日が始まるまでの数十分程度で先物、オプションすべての銘柄の算出が終了する。

　具体的にどういった値段が各銘柄の清算値段等を確定する際に用いられるかというと、商品によってまちまちであるが終値、15時以降の最終約定値段、原資産価格をベースにした理論価格等があげられる。

　なかでもオプションの理論価格を計算する際には、投資家が考える今後の市場の価格変動性を示すインプライド・ボラティリティ（以下「IV」という）といわれる指標が重要なファクターとなるのでここで少し説明する。簡単にいうと、投資家が今後の市場の価格変動性が高い（IVが高い）と期待することで、各オプション銘柄がより高いプレミアムでも取引が成立するようになり、値段が上がる、という流れである。実際にはわれわれはIVを直接みられないので、プレミアムからIVを逆算することになるのだが、指数値、金利、配当といったリアルタイムで確認できる指標以外にもIVという目にみえない指標がプレミアムに大きく影響するという点がポイントである。日経225オプションのIVから算出される日経ボラティリティインデックス（日経平均VI指数）は日本市場の現況を語る場面で登場することも多く、重要な指標と考えられている。

　ちなみに、オプションはよく損害保険にたとえられる。損害保険の顧客が万一の場合に備えて保険料を保険会社に払うという構造は、たしかにオプションの買い手と売り手の関係に近いだろう。保険会社は事故リスク（IV）の高さに応じた保険料（プレミアム）を顧客に要求するといったビジネスモデルをとっているが、ここでリスク計算を誤ると保険料に見合わないリスクを保険会社がとってしまうことになるのは、オプションの売り手と一緒である。

(3) 証拠金、値洗い制度

　証拠金とは取引契約が決済まで確実に履行されることを担保するために、証券会社ひいてはJSCCに預託する必要のあるお金、有価証券の総称である。言い換えると、証拠金は「将来」発生するかもしれない損失に備えて差し入れるものである。JSCCが証拠金を算出しており、たとえば2020年4月30日時点でのJGB先物の証拠金額は75万円となっている。つまりこの時点でJGB先物の建玉を1単位新規追加するためには、最低でも75万円の証拠金を預託する必要があるということになる[1]。ここで、取引金額に対する預託額の倍率のことをレバレッジといい、資金効率の高さを示す指標にもなる。

　また、JSCCが算出する証拠金額を一度預託すればそれで終わりではなく、日々の損益が預託額に反映される仕組みとなっている。この仕組みを値洗いという。たとえば、ある投資家が取引開始時点で証拠金額の75万円のみを預託しており、翌取引日に同取引で1万円の損失が発生した場合、損失分反映後の預託額は74万円となる。結果として預託額が証拠金額を充足するように不足の1万円を新たに預託する必要がある。これがいわゆる追証である。

　このように値洗いは日々の損益を投資家の預託額に反映させることによって、決済時に取引期間中に累積した損失をまとめて負担するといった状況を防いでいる。そういった意味で投資家が決済不履行になるリスクを最小限に抑え、市場の安全性を維持するために証拠金、値洗い制度は重要であることがわかる。

　ここで、「日々の損益」を計算する基準として利用されるのが先述の清算値段等である。つまり、日々の清算値段等をもとに算出される損益およびJSCCが算出する証拠金額という2つの要素によって、投資家の必要預託額が変わってくるということになる。

1　実際には証券会社による証拠金の上乗せおよび手数料が加味される。また、他の先物、オプションの建玉をすでに保有していた場合には証拠金相殺がされるケースもある。

ここまで先物を中心に証拠金の仕組みについて説明してきたが、オプションの買建玉のみを保有する場合は、先述のとおり取引成立時に支払う額以上の損失を被ることがないため[2]、原則として追加の預託は不要となる。

(4)　立会外市場

　各商品の取引制度からは少し離れるが、立会外市場（大阪取引所ではJ-NET市場とも呼ばれる）と呼ばれる市場もあるのでこの機会に紹介しておく。

　立会外市場とは立会市場と独立した市場のことで、板上の取引ではなく指定した相手方との取引を行う市場のことである。立会内市場と比較したときのメリットとして、値幅を細かく設定できる、大口取引による相場への影響を考慮せずにすむ、取引時間が長い、注文を出せる値幅（制限値幅）が広い、といった点がある。取引所取引というと立会市場をまずイメージすると思うが、店頭取引に近いかたちで取引される立会外市場も立会市場とともに積極的に利用されている市場なのである。

　以上が先物、オプション取引制度の基本用語の説明である。JGB先物、JGBOP制度について学ぶために最低限必要と思われる単語にフォーカスしたが、過度な相場変動を抑制する制度であるサーキット・ブレーカー制度（SCB）、即時約定可能値幅制度（DCB）や、相場に流動性を供給するマーケットメーカー制度（MM）のような重要な制度はほかにも存在する。これらについても適宜調べていくとまた新たな発見があるだろう。

2　例外としてJGBOPもしくは有価証券OPについてはOTMの銘柄でも買建玉保有者が希望すれば、権利行使してJGB先物の建玉もしくは現物株を保有することが可能である。この場合現物保有後の損益も追加されるため、プレミアムよりも損失が増えることはありうる。

第6章

国債先物・国債先物オプション

1．JGB先物、JGBOPの成り立ち、現状

　第5章において概説した先物、オプション取引の基本をふまえて、本章では国債デリバティブのなかでも特に流動性が高い2商品である長期国債先物、国債先物オプション（以下「JGB先物」「JGBOP」という）にフォーカスする。

　JGB先物およびJGBOPの制度内容について説明する前に、これらの商品の導入経緯等についてみていこう。なお、本節の内容は東京証券取引所公表の「債券先物取引市場10年間の歩み」および「国債先物オプション取引の10年間の歩み」の内容が多く含まれているので、興味のある読者はそれらもみてみるとよい[1]。

　JGB先物は1985年10月19日に東京証券取引所において取引開始された。発行市場および流通市場における国債売買高の急増、金利自由化の進展、海外市場での先物市場の普及、といった理由が開始の背景にあったようだ。

　これらのなかで国債売買高の急増について触れると、1975年度の1.3兆円から1984年度には495兆円まで売買高が急伸し、公社債売買高全体からみた割合も2.3％から56.8％まで大きく伸びている。いまでこそ公社債売買高の90％以上を占める国債売買だが、大きく比率を伸ばしたのはこの時期だったようだ。

　次に取引開始当時のJGB先物の必要性は、債券ディーラーおよび保有者に

1　https://www.jpx.co.jp/derivatives/related/jgb-anniversary/others/index.html

対する低コストの金利変動リスク回避手段の提供、先物価格が提供されることによる現物価格の予想形成に必要な情報の質の向上、があげられている。

　1つ目の理由にある低コストでのヘッジ手段の提供についてだが、国債発行市場でプライマリーディーラーが多額の国債を引き受ける場面等は先物のヘッジ手段がおおいに活躍する場面の1つだろう。加えて先物には先述の証拠金制度と値洗い制度があるため、信頼性の高いヘッジ手段を先物が提供している点も言及しておこう。

　また、2つ目の理由にある現物国債の価格形成についてだが、国債先物では国内証券会社、海外投資家に加え、取引所の正会員（現在では総合取引参加者という）ではない金融機関、つまり国内の銀行も参加者に含まれる。これは国債先物に特有であり、国債先物市場の投資家層の拡大に大きく寄与している。

　ちなみに、長期国債先物に続き超長期国債先物、中期国債先物、ミニ長期国債先物といった国債先物取引が開始されているが、ミニ長期国債先物が幾分かの流動性を保っているのを除き、残念ながら取引高は芳しい状況ではない。

　ここで、国債ばかりが上場されて、なぜ社債や他の公債が先物取引の対象になっていないのかという点に疑問をもつ読者もいるかもしれない。原資産として理想的な債券の基準は、発行主体の支払能力が高い、発行量および発行残高が高い、現物市場において信頼できる価格情報が広く継続的に提供されている、とされている。これらの条件を満たす債券としてJGB先物上場当時において最も適当なのが国債だったのだ。

　最後にJGBOPについて述べる。JGBOPは1990年5月11日に同じく東京証券取引所で取引開始された。JGB先物が1985年の上場以降、順調に取引高および建玉残高を伸ばしていたなかで、債券の価格変動に対する新たな取引手段を提供する目的でJGBOPは導入されたのである。先述のように、オプション取引は買い手に限られたプレミアムによるヘッジ機能を提供し、売り手には買い手が支払うプレミアムによる新たな収益機会を提供する。JGB先物を

原資産とするJGBOPはJGB先物取引との組合せにより多様な取引手段を生み出している。

　ここまでJGBデリバティブの歴史を簡単に紐解いてきた。次項ではこれらの商品がデリバティブとしての役割を果たすためにどのような制度のもとで取引されているかについてみていこう。その後に国債市場がここ10年でどのような推移をしてきたかを概観して本章を締める。

２．JGB先物・JGBOPの取引制度

　はじめに大阪取引所に上場している国債デリバティブの取引制度を図表２−６−１にまとめた。一部前章で紹介している部分もあるが、ここからは図表２−６−１に沿って各商品の立会時間、限月、取引最終日、決済制度について説明していく。

３．取引時間

　取引所は商品ごとに取引時間を定めており、JGB先物、JGBOPの取引時間は同じである。まず取引時間は「日中立会」と「ナイト・セッション」の２つのセッションに分けられ、JGB先物、JGBOPでは日中立会がさらに前場、後場に分かれている（図表２−６−２）。

　現物国債が取引される日中立会の時間帯はもちろん、ナイト・セッションの時間帯に海外で経済イベントが発生した場合においても、自由競争売買でリアルタイムに価格が更新されることが、JGBデリバティブの大きなメリットと考えられる。

　さらに各セッションは実際の売買を始める前に注文受付のみを行う注文受付時間、その日の取引を値段優先で売買が成立するザラバ（もしくはレギュラー・セッション）と呼ばれる時間帯に分けられる。タイムスケジュールとしては注文受付時間の後に、板寄せと呼ばれる方式で注文の付け合せを行い（オープニング）、ザラバに移行する。そしてザラバから再び注文受付時間を挟んだ後に、そのセッションの取引終了時間（クロージング、引けともいう）

図表2-6-1　国債デリバティブの一覧

商品名	中期国債先物	長期国債先物	超長期国債先物	ミニ長期国債先物	長期国債先物オプション
原資産	中期国債標準物（償還期限5年、利率年3％）	長期国債標準物（償還期限10年、利率年6％）	超長期国債標準物（償還期限20年、利率年3％）	長期国債標準物の価格	長期国債先物
立会時間	〈前場〉 オープニング　　　　　：8：45 レギュラー・セッション：8：45～11：00 クロージング　　　　　：11：02 〈後場〉 オープニング　　　　　：12：30 レギュラー・セッション：12：30～15：00 クロージング　　　　　：15：02 〈夜間〉 オープニング　　　　　：15：30 レギュラー・セッション：15：30～翌5：55 クロージング　　　　　：翌6：00				
限月	3、6、9、12月限：直近の3限月				3、6、9、12月限：直近の2限月 その他の限月：最大で直近の2限月
取引単位	額面1億円		額面1,000万円	10万円に長期国債標準物の価格の数値を乗じて得た額	1契約当り長期国債先物取引の額面1億円分
取引最終日	受渡決済期日の5日前（休業日を除外する）の日に終了する取引日			同一限月の長期国債先物取引における取引最終日の前日（休業日の場合は、順次繰り上げる）に終了する取引日	各限月の前月の末日（前月の末日が休業日に当たるときは、順次繰り上げる）に終了する取引日
呼値の単位	額面100円につき1銭			額面100円につき0.5銭	長期国債先物取引の額面100円につき1銭
最終決済方法	受渡決済			差金決済	長期国債先物取引が成立

（2022年4月時点）

図表 2 - 6 - 2　取引時間（立会時間）

日本時間	8	9	10	11	12	13	14	15	16	17	18	19	20	21	22	23	0	1	2	3	4	5
現物株式		9:00~11:30			12:30~15:00																	
指数先物		8:45~15:15								16:30~6:00												
日経平均VI先物		9:00~15:15							16:30~19:00													
台湾加権指数先物		8:45~15:15																				
指数オプション		8:45~15:15								16:30~6:00												
有価証券オプション		9:00~11:35			12:30~15:15																	
国債先物		8:45~11:02			12:30~15:02									15:30~6:00								
国債先物オプション		8:45~11:02			12:30~15:02									15:30~6:00								

（2022年4月時点）

を迎える、という流れである。

　ここでナイト・セッションの開始タイミングで取引日が翌日に遷移するタイミングであることは押さえておこう。具体的な日中立会の終了時間は国債関係の商品が15時2分、ナイト・セッションの開始時間は国債関係の商品が15時30分である。

　続いてJGB先物の限月の決まり方について述べると3月、6月、9月、12月のなかから3限月が取引対象として選択される。たとえば2020年4月末時点で考えるとJGB先物は2020年6月、9月、12月の3つが取引されていることになる。

　限月に続いて取引最終日についても確認しておこう。取引最終日については「受渡決済期日（各限月の20日（休業日の場合は、繰り下げる））の5日前（休業日を除外する）」と設定されているため、おおよそ各限月の13〜15日あたりとなる。

　JGB先物における決済方法には、現物国債の受渡し（「受渡決済」等という）と取引最終日前の反対売買による差金決済との2通りがある。初めに現物受渡しによる決済について説明する。

　まず、現物受渡しと聞いてなんらかの方法により現物国債の受渡しを行うということは想像がつく。ただ、実際には各々の現物国債がJGBデリバティブの原資産に設定されているのではなく、かわりに「標準物」という利率と償還期限を常に一定とする架空の債券が原資産に設定されている。

　たとえばJGB先物の原資産である標準物は「残存期間10年、利率は6％」で固定されている。残存期間や利率は異なるが、標準物という制度自体は中期国債先物、超長期国債先物においても同様である。この標準物という制度がJGB先物の理解をむずかしくしている印象はあるが、この制度には大きな利点がある。JGB先物の限月が変わっても原資産となる国債の銘柄が標準物という単一の商品で固定され、限月の変更をまたいでも価格の連続性が維持される点である。逆に、JGB先物導入時から国債流通量が増大した近年では起こりにくいが、ある特定の年限の国債をJGB先物の原資産とすると、その

国債の買い占め（スクイーズ）によりJGB先物の値段を操作できてしまうというデメリットもある。

　では、残存年数も利率もバラバラな現物国債価格と標準物の現在価格はどのように結びついているのだろうか。ここで登場するのがコンバージョン・ファクター（CF）と呼ばれる「現物国債の現在価格／標準物の現在価格」を表す係数である。言い方を変えると、ある国債と残存期間10年および利率６％の標準物が同時に存在したときに、標準物の現在価格100円に対して投資家がつけるであろう値段（比率）を示している。

　例として、あるイールドカーブが存在する状況下において、標準物の現在価格（残存期間10年、利率は６％）と現物国債（残存期間10年、利率は0.01％）の２つの現在価格を比較する場合を考えてみよう。ここで標準物の現在価格（＝先物価格）が額面と同じ100円だったとすると、現時点での現物国債価格はたとえば60円程度（CF＝0.6）まで大幅に低くなるはずだ。

　なぜならこの現物国債は保有による利子収入がほぼないため、利回りが標準物と同じ６％程度になるためには現物国債の値段を大幅に下げる必要があるからだ。保有しているだけで毎年６％の利子収入がある債券と保有していてもまったく利子収入がない債券のどちらに対して、投資家が高い値段をつけるか考えてみると、わかりやすいかもしれない。

　このように、標準物と現物国債の現在価格の比率を残存年数と利率から算出した係数がCFとなる。また、金利の水準が６％を大きく下回る昨今の状況では多くの現物国債価格がCFの分母に当たる標準物の価格より安くなるため、CFは１より小さくなる。CFの具体的な算出式は複雑であるので、ここではまず「CFは現物国債価格と標準物の価格（＝先物価格）の比率を表し、受渡決済時には先物価格×CFの値段で現物国債が受渡しされる」という事実を覚えておこう（図表２－６－３）。

　次に、この架空の債券が国債の現物受渡しとどのように関係していくかをみていこう（図表２－６－４）。

　１単位の建玉を受渡決済するにあたり、先物の買い手は先物価格に応じた

図表2-6-3　受渡適格銘柄とCF一覧

銘柄	コード	利率(%)	償還期日	2020年6月限	2020年9月限	2020年12月限
利付国庫債券（10年）第347回	03470067	0.1	2027年6月20日	0.666765	—	—
利付国庫債券（10年）第348回	03480067	0.1	2027年9月20日	0.657226	0.666765	—
利付国庫債券（10年）第349回	03490067	0.1	2027年12月20日	0.647830	0.657226	0.666765
利付国庫債券（10年）第350回	03500067	0.1	2028年3月20日	0.638569	0.647830	0.657226
利付国庫債券（10年）第351回	03510067	0.1	2028年6月20日	0.629447	0.638569	0.647830
利付国庫債券（10年）第352回	03520067	0.1	2028年9月20日	0.620455	0.629447	0.638569
利付国庫債券（10年）第353回	03530067	0.1	2028年12月20日	0.611599	0.620455	0.629447
利付国庫債券（10年）第354回	03540067	0.1	2029年3月20日	0.602869	0.611599	0.620455
利付国庫債券（10年）第355回	03550067	0.1	2029年6月20日	0.594271	0.602869	0.611599
利付国庫債券（10年）第356回	03560067	0.1	2029年9月20日	0.585795	0.594271	0.602869
利付国庫債券（10年）第357回	03570067	0.1	2029年12月20日	0.577447	0.585795	0.594271
利付国庫債券（10年）第358回	03580067	0.1	2030年3月20日	—	0.577447	0.585795

図表2-6-4　現物受渡しのイメージ

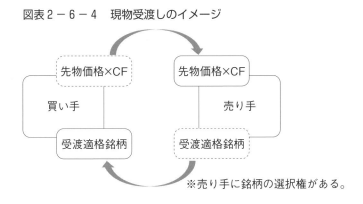

※売り手に銘柄の選択権がある。

代金を売り手に支払うかわりに額面1億円分の国債を受け取る。逆に売り手は額面1億円分の国債を買い手に渡すかわりに先物価格に応じた金額を買い手から受け取る。このとき、どの国債を買い手に渡すかは売り手に選択権（デリバリーオプション）があり、「受渡適格銘柄」という指定された年限の

範囲内の国債であれば売り手はどの国債を渡しても良いことになっている。JGB先物であれば残存期間が原則として7～11年の10年利付国債が受渡適格銘柄となっているので、売り手は10銘柄以上から好きな国債を選んで買い手に渡すことができる。

　さて、受渡適格銘柄は複数あると説明したが、受渡銘柄の選択権がある売り手の立場からみてどの国債が売り手にとっていちばん得になるかを考えてみよう。先物の売建玉を最終決済するには、受渡しのための現物国債を用意する必要があるため、「現物買い＋先物売り（ロング・ベーシス）」と呼ばれる組合せの取引を行うことになる。

　先述のとおり、売り手は受渡決済時に「現物国債を買い手に渡すかわりに先物価格×CFの値段を買い手から受け取る」ため、売り手からみると「先物価格×CF－現物購入価格」が損益となる。実際にはこれらに加え現物保有のための資金調達コストと利子収入も売り手の損益に影響してくるが、ここでは議論を単純にするために「先物価格×CF－現物購入価格」のみに着目する。先物価格は取引最終日の終値で一定なので、CFが大きくかつ現物購入価格が安い国債が売り手にとって最適となる。この条件を満たす国債を「最割安銘柄（チーペスト）」といい、売り手の需要が最も高い国債となるため、必然的にJGB先物価格とも相関が強い現物国債となる。さらに利率が低水準で推移し、現物価格が受渡適格銘柄間で大きく変わらない場合は、残存期間が最も短い7年の国債がチーペストとなることが多い。これはCFの説明でも少し触れたが、金利が低水準で推移しているときには、残存期間が短いほど標準物と現物国債の金利差の影響を受ける期間も短くなるぶん、債券価格の遜減が抑えられる（CFが大きくなる）ためである。

　ここまでをまとめると、JGB先物の受渡決済では売り方が選択した現物国債を先物価格×CFの価格で受け渡すため、最も需要が高いチーペスト銘柄が先物価格と強く連動するということになる。先物価格と原資産値段の関係についてはすでに説明したが、流動性が高いJGB先物の価格は実質の原資産である残存期間7年の国債およびそれに近い年限の国債の値段に強く影響を

及ぼしている。そのため、イールドカーブにおいて残存期間が７年前後の部分だけ利回りの水準が少しずれることもある。これも現物国債の店頭取引における投資家層とJGB先物の投資家層が異なり、先物価格と原資産値段がお互いに影響し合っていることを示す例といえる。

　続いて２つ目の決済の方法、差金決済についてであるが、これは前章で説明した日経225先物の例とほぼ同じ決済方法となっている。具体的にみていくとJGB先物では取引単位が額面１億円に設定された後の額面100円当りの金額が先物価格となるので、額面100円当りの先物価格が150円のときの想定元本は（150/100）×１億円=1.5億円となる。

　別の言い方をすると１単位当り先物価格の100万倍の額を想定元本として取引しているため、１ティック（＝１銭）の値動きで１銭×100万倍で、10,000円の損益が生じる。この点に注意して簡単な損益計算を行うと、JGB先物を150円のときに買建玉を１単位保有した後に150円19銭で転売を行った場合、（150.19－150.00）×100万 = ＋19万円となる。

　最後にJGBミニ先物の最終決済についても簡単に確認しておこう。JGBミニ先物は国債デリバティブのなかで唯一最終決済が差金決済の商品であるため、最終清算数値が存在する。

　JGBミニ先物の最終清算数値はJGBミニ先物の取引最終日の翌日におけるJGB先物の始値に基づいて算出される。JGBミニ先物は同一限月のJGB先物を原資産とし、JGB先物の取引最終日の１日前を取引最終日としている。

４．JGBOP

　続いてJGBOPの取引制度についてであるが、JGBOPは取引時間こそ先述のJGB先物と同じであるが、限月の決まり方や権利行使等において特徴的な部分も多いため、それらについて１つずつ確認していこう。

　まずJGBOPの限月の決まり方だが、図表２−６−１には「四半期限月から直近２限月、その他の限月から最大で直近２限月」と記載されている。具体的には、いまが４月20日だったときに四半期限月の直近２限月は６月と９月

に、その他の限月の直近2限月は5月と6月になるので、これらをあわせて5月、6月、9月の3限月が存在することとなる。

「その他の限月から最大で直近の2限月」となっているのは、月によっては四半期限月とその他の限月の直近2限月がかぶらず、それぞれ2限月ずつ（全体では4限月）存在するパターンもあるためだ。

限月の決まり方に続いて取引最終日についても確認しておこう。こちらは「各限月の前月の末日（前月の末日が休業日に当たるときは、順次繰り上げる）に終了する取引日」と記載されている。たとえば2020年4月限のJGBOPであれば2020年3月31日が取引最終日となるため、銘柄に表記されている月と取引最終日の属する月は常にずれる。また、原資産となるJGB先物の限月はJGBOPの限月によって変わることも関連して押さえておこう。JGBOP取引は取引最終日以外の取引日でも権利行使ができるアメリカ・タイプのオプ

図表2－6－5　デリバティブ取引のイベントカレンダー例

日	月	火	水	木	金	土
					2/28 JGBOP 取引最終日	29
3/1	2	3	4	5	6	7
8	9	10	11	12 JGBミニ 取引最終日	13 JGB先物 取引最終日	14
15	16	17	18	19 受渡 決済日	20 春分の日	21
22	23	24	25	26	27	28
29	30	31 JGBOP 取引最終日				

※ 9～11の行間に「ロールオーバーの最盛期」と記載され、9から12にかけて矢印が引かれている。

（注）　2020年3月を例とした場合。ロールオーバーの時期は目安。

ションであるが、2020年4月限のJGBOPを権利行使すると常に2020年6月限のJGB先物取引が成立する。なぜなら2020年4月限の取引最終日においてすでに2020年3月限のJGB先物は取引終了しているためである。仮に権利行使時点で2020年3月限のJGB先物が存在している場合でもこの点は同様である。実際には取引最終日より前にJGBOPが権利行使されるケースは少ないが、JGBOPの限月によってあらかじめ原資産となるJGB先物の限月が異なる点は覚えておこう。

次にプレミアムについてだが、こちらの呼値の単位はJGB先物と同様に1銭単位となっている。また取引単位もJGB先物取引と同じ100万倍となっているため、プレミアムが1銭動くと0.01円×100万＝1万円の損益が発生することになる。

最後に、JGBOPの決済方法について説明しておく。取引最終日のところで権利行使については少し触れているが、JGBOPにおける決済方法には取引最終日前の反対売買による決済と権利行使の2通りの方法がある。JGBOPの権利行使をすると権利行使した日の取引終了時刻（15時15分）にJGB先物取引が成立する。また、取引最終日までに反対売買によって決済されなかったITMの未決済建玉についても、買い手が権利を放棄しない限り自動的に権利行使される。

ここで権利行使価格が150円のJGBコールオプション（プレミアムは0.05円）を1単位だけ権利行使した場合で具体的に考えてみよう。権利行使によって買い手はJGB先物の買いを150円で成立させ、逆に売り手はJGB先物の売りを150円で成立させることになる。このとき、JGB先物が150.20円であったとするとこの時点での買い手の利益は（JGB先物取引の差額）－（最初に払ったプレミアム）を100万倍した額になるので、$\{(150.20-150.00)-0.05\}\times100万＝+15万円$となる。売り手は差額とプレミアムの符号がすべて逆になるので15万円の損失となる。ただ、この損益はあくまで権利行使直後の話であり両者ともJGB先物の建玉は継続して保有できるため、今後のJGB先物の値動きによって損益は変わりうる。

5．JGB VIX指数

　前節でJGBOPについて紹介してきたが、JGBOPのOTMのプレミアムをもとに満期までの期間を30日で固定するように調整された国債のボラティリティを表す指数が存在する。指数の正式名称は「S&P/JPX日本国債VIX指数」といい、当初は日時配信であったが2019年7月10日以降はJGBOPのプレミアムをもとに15秒ごとに「S&P/JPX日本国債リアルタイムVIX指数」としてリアルタイム配信されるようになった。以下ではこれらを総称してJGB VIX指数と呼んでいく。

　実務的には、JGB VIX指数はJGB先物が年率何％動くと想定されているかを示した数字であり、JGB VIX指数を$\sqrt{12}$で割る（≒0.29を掛ける）と年率から月率に変換できる。

　たとえば、JGB先物価格が150円でJGB VIX指数が過去最低水準の1.0％となっている場合だと、150円×1.0％×0.29≒44銭程度しか月間の値動きがないと投資家によって予想されているということになる。この結果を理論的に解釈すると、日々の値動きが正規分布に従うと仮定したとき、月次の値動きが68％の確率で44銭以内に収まるといえる。さらにJGB先物の価格が利回り1ベーシス当り10銭変動すると仮定した場合、1月当りの利回りの変動が4.4ベーシス程度しかないと予想されており、金利水準が非常に硬直化したマーケットであると考えられる。このようにJGB VIX指数は投資家が見込む今後の金利変動を示しており、イールドカーブとはまた別の視点から投資家動向を表す指標となっているのである。

6．国債デリバティブ市場の推移

　最後に国債市場が市場イベントを受けてどのような推移をしているかみてみよう。

　図表2－6－6は2011年9月の初めから2020年4月末までのJGB先物とJGB VIX指数の動きを、図表2－6－7は同時期の日経平均VI指数とJGB

VIX指数の動きをそれぞれ比較した図である。

　まず図表2－6－6のJGB先物の価格推移に着目すると、2012年以降140円台前半から一貫して上昇傾向にあったのが、2016年1月29日に発表されたマイナス金利政策を皮切りに金利水準が一定に保たれたことで、JGB先物価格も150円台前半の狭い範囲で推移している。試しにマイナス金利前後の期間において日次の値動きを終値ベースで比較すると、マイナス金利以降に10銭以下の値動きであった日が56％から63％に増えており値動きの縮小傾向が浮

図表2－6－6　国債デリバティブ市場の推移（JGB先物とJGB VIX指数）

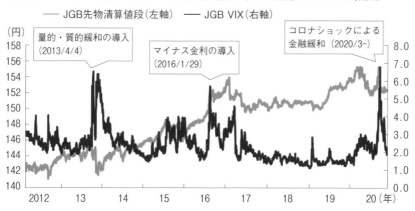

図表2－6－7　国債デリバティブ市場の推移（日経平均VI指数とJGB VIX指数）

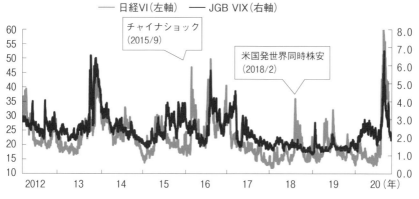

かび上がる。

　次にJGB VIX指数の推移から気づくことが、JGB VIX指数が急騰したのは2013年、2016年、2020年の３回であり、イベントの背景は異なるとはいえ、いずれの場合でもなんらかのかたちで日銀の金融政策の変更が行われている。

　図表２－６－７に目を移すと、これらの時期には日経平均VI指数も急騰していることから、他の要因と複合的にではあるが金融政策が国債市場だけでなく株式市場にもインパクトを与えたことがわかる。ちなみに、この期間で前日からの値動きが最も大きかったのは2013年の４月４日の2.02円である一方で、JGB VIX指数の最高値は終値ベースだと2020年３月23日につけた6.81である。リーマンショック時にはJGB VIX指数は10を超えたが、2016年以降は金利水準が硬直化していたことも考えると、2020年３月のコロナショックは短期間とはいえ国債市場にも大きなインパクトを与えたことがわかる。

　今度は国債市場と株式市場の関係をJGB VIX指数と日経平均VI指数の比較から考えてみよう。前にあげた３つのイベントではすべての場合で両指数が急騰をみせていたが、図表２－６－７でコメントしている2015年９月のチャイナショックや2018年２月の世界同時株安の時期には日経平均VI指数ほどJGB VIX指数は反応していないことがわかる。これらのイベントは海外発の出来事であるが、リーマンショックやコロナショックとは違い国債市場への影響は限定的であるという当時の投資家心理がうかがえる。このように株式市場に大きな影響を与えたイベントが必ずしも国債市場にも大きく影響するわけではない、という点は興味深い。

　ここまで国債市場の推移について概観してきたが、国債デリバティブはその豊富な流動性を生かして株式市場および現物国債市場とは違った観点から投資家に新たな市場のバローメータを提供しているといえるだろう。

7. 最後に

　本章では先物・オプション取引の基本的な知識をもとにJGB先物および
JGBOPの制度について詳細に説明し、これらの国債デリバティブが近年の
市場でどのように推移してきたかをみてきた。受渡決済の部分等は最初から
すべてを理解するのは大変であるが、本章を通して国債デリバティブが現物
国債の主要なヘッジ手段としての機能に加え、金融マーケット全体の主要な
指標としての機能もあるということを感じていただければ幸いだ。

第 3 部

清 算 機 関

第7章

日本証券クリアリング機構の概要

1．清算機関とは

(1)　清算機関の機能

　清算機関は、複数の市場参加者の相手方として決済を行うことから、セントラル・カウンターパーティ（central counterparty、CCP）と称される。

　国債にかかわらず証券における売買は、複数の市場参加者による売り・買いが連続して行われるため、実際の決済を売買の相手方との間で行うことになるときわめて非効率であるばかりか、相手方に対するリスク（カウンターパーティリスク）も考慮しながら売買を行うこととなる。そこで、複数の市場参加者同士の売買関係を、証券と資金の授受の局面ですべて清算機関を相手方とした関係に置き換え、決済履行を保証する仕組みが要請される。

　具体的に清算機関は、売買の一方の当事者の（国債の引渡しまたは資金支払）債務を引き受けると同時に、それに相当する債権（国債または資金の受領）を取得し、原約定の相手方にかわり清算機関が決済における一方の当事者として参加者との間で授受を行う主体となり、決済履行を保証する。

　たとえばAとBの取引について、「AとB」が決済を行うところ、清算機関が債務引受けを行うことで、「Aと清算機関」、「Bと清算機関」の決済に置き換わる。このようなカウンターパーティリスクの移転が清算機関の基本機能となる。

　さらに清算機関の機能として期待されるのは決済のネッティングである。複数の相手と取引をしたとしても、清算機関と決済を行えば足り、また売り

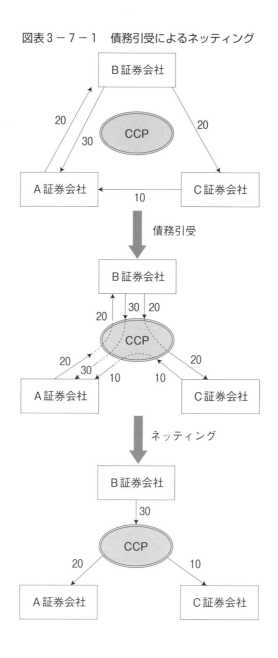

図表3－7－1　債務引受によるネッティング

買いのポジションがネッティングされることで、決済金額の圧縮が図られる。

　AがBだけでなく、Cとも取引をしているときにおいて、AはBおよびCとそれぞれ決済を行うことになるが、債務引受けによりAは清算機関とだけの決済になるほか、同一銘柄について売りや買いを行っていれば、その決済量がネッティングされる（図表3－7－1）。

(2)　金融商品取引清算機関

　清算機関とは金融商品取引法において金融商品取引清算機関として定められている。

　2条29項（抜粋）「金融商品取引清算機関とは、第156条の2又は第156条の19第1項の規定により内閣総理大臣の免許又は承認を受けて金融商品債務引受業を行う者」また、同法第5章の3　金融商品取引清算機関等　第1節金融商品取引清算機関（金融商品取引法156条の2など）などにおいて、その要件等が規定されている。さらに、細部については「金融商品取引清算機関等に関する内閣府令」等、内閣府令によって定められている。

(3)　海外の清算機関

　海外で国債のレポ取引を扱う主な清算機関として、米国のFICC（Fixed Income Clearing Corporation）や、英国のLCH、ドイツ取引所グループのEurexがあげられる[1]。

　FICCは、1986年に財務省証券・連邦機関債の清算機関GSCC（Government Securities Clearing Corporation）が設立され、その後合併等を経て2003年にDTCC（The Depository Trust & Clearing Corporation）傘下の清算機関となっている。

　また、LCHは1888年に設立されたLPCH（London Produce Clearing House）

1　それぞれDTCCおよびLCHのwebサイトを参照。

図表 3 − 7 − 2　CCP12　エグゼクティブコミッティー覧（アルファベット順）

・Chicago Mercantile Exchange Group
・Clearing Corporation of India Ltd
・Depository Trust & Clearing Corporation
・Eurex Clearing Group
・Hong Kong Exchanges and Clearing Limited
・Intercontinental Exchange Inc.
・Japan Securities Clearing Corporation
・KDPW CCP
・London Stock Exchange
・Nasdaq Clearing AB
・National Securities Clearing Corporation Ltd.
・Options Clearing Corporation
・Shanghai Clearing House
・Singapore Exchange Limited
・TMX Group

（注）　2021年12月時点。
（出所）　CCP12 webサイト

に起源をもち、1992年に社名を改めている。そして、1998年にレポ取引の清算を開始し、2012年にはロンドン証券取引所の傘下となっている。なお同グループにはフランス籍のLCH SAも存在し、フランス国債をはじめ欧州各国債を対象としたレポ取引の清算を行っている。

　グローバルに清算機関の団体としてCCP12が存在し、同組織は2001年に主要な清算機関によって設立され、37の会員（60以上の個別の清算機関）によって構成されている。同組織のエグゼクティブコミッティには図表3 − 7 − 2のメンバーから委員が選出されている。

2．JSCCの沿革

(1)　JSCCの誕生

　日本証券クリアリング機構（JSCC）は証券取引所の統一清算機関として

設立され、その後、取引所以外の店頭取引の清算についても対象を拡大していった。

　まず、2002年7月1日に全国の証券取引所と証券業協会が発起人となって、統一清算機関として設立された（当時は証券取引法における証券取引清算機関）。

　開業に向けた準備が行われ、2003年1月14日から業務を開始した。それまでは各取引所において、取引を清算していた。統一清算機関ができたことで、取引所を横断して同一銘柄のネッティングや1カ所での決済を可能とした。JSCCの誕生により、各取引所が個別に行っていた証券取引の清算が一元的に行われるようになり、市場におけるポスト・トレード処理の効率性・利便性が飛躍的に向上した。

　JSCCは清算・決済インフラとして果たす役割（効果）を、主に次のとおりとしている。

---

① 効率性の向上

　市場参加者にとって、これまでは各取引所・店頭市場といった市場ごとに必要であったアクセスポイントが当社に一元化されたため、事務の標準化やバックオフィス部門の負担軽減が図られるとともに、市場横断的なネッティングにより決済量が大幅に圧縮され、参加者における事務及び証券・資金の効率性の向上に寄与します。

② 安全性の向上

　これまで清算機能が提供されなかった市場における取引に関しても同機能が提供されたことにより、理論的には個別の参加者の信用リスクを考慮することなく取引を行うことが可能となったうえ、DVP決済の導入により受渡しにおける元本リスクの排除も可能となりました。

　また、当社の業務方法書に規定された一元的な決済履行保証スキームの提供が各市場に及ぶことになり、これら市場全体の安全性の向上

に寄与したといえます。

(2) 業務の拡大

JSCCは、2003年1月の業務開始以来サービスの提供範囲を拡大させてきた。2004年2月に東京証券取引所の上場デリバティブ取引に係る清算業務を開始[2]し、2010年7月にはPTS取引に係る清算業務を開始している。その後は店頭（OTC）分野へ清算業務を拡大しており、2011年7月にCDS（クレジットデフォルトスワップ）取引、2012年10月には金利スワップ取引を対象としている。そして2013年10月に日本国債清算機関と合併し、国債店頭取引の清算を対象とした[3]。

さらに、2020年7月には株式会社日本商品清算機構との合併に伴い商品取

図表3－7－3　JSCCの清算対象に係る沿革

2002年7月	設立
2003年1月	証券取引所の現物取引に係る清算業務開始
2004年2月	東京証券取引所の上場デリバティブ取引に係る清算業務開始
2010年7月	PTS取引に係る清算業務開始
2011年7月	CDS（クレジットデフォルトスワップ）取引に係る清算業務開始
2012年10月	金利スワップ取引に係る清算業務開始
2013年7月	大阪証券取引所の上場デリバティブ取引に係る清算機能を統合
2013年10月	日本国債清算機関と合併、国債店頭取引へ清算対象取引を拡大
2020年7月	日本商品清算機構と合併、上場商品デリバティブ取引へ清算対象取引を拡大
2021年1月	ETFの設定・交換の決済に係る清算業務開始

2　2013年7月には大阪証券取引所（現大阪取引所）の上場デリバティブ取引を清算対象に追加。
3　合併前においても日本国債清算機関に対して2010年9月に出資を行っている。

引債務引受業の許可を受け、上場商品デリバティブ取引へ清算対象取引を拡大し、2021年1月からはETFの設定・交換の決済に係る清算業務を開始している（図表3−7−3）。

このように現在は、取引所取引に加え、店頭（OTC）デリバティブ取引（CDS取引および金利スワップ取引）および国債店頭取引の清算業務を行っている。

3．JSCCの業務

（1）　対象としている清算業務

JSCCでは、取引所取引、店頭（OTC）デリバティブ取引（CDS取引および金利スワップ取引）および国債店頭取引の各分野において清算業務を行っている。

（2）　清算対象取引

① 取引所取引

取引所取引には、東京証券取引所をはじめとする国内証券取引所およびPTSにおける金融商品現物取引（株式など）[4]のすべて、大阪取引所における金融デリバティブ取引、東京商品取引所、堂島商品取引所における商品デリバティブ取引が含まれる。

大阪取引所の上場デリバティブ市場においては、国債を原商品とした国債先物取引や国債先物オプションも取引されている[5]。

② OTC（店頭）デリバティブ取引
　　　（OTCデリバティブ取引のうち、CDS取引、金利スワップ取引）

CDSとは、企業の債務不履行に伴う信用リスクを対象とする金融派生商品

4　品貸取引等、ならびにETFの設定および交換に係る上場有価証券および金銭の授受を含む。
5　詳細は第5章、第6章を参照。

（クレジット・デリバティブ）の最も基本的かつ代表的な商品で、主に金融機関同士により店頭（OTC）において取引されている。

　CDSの買い手は一定の契約期間中に、一定の契約料（固定金利）を定期的（通常は四半期ごと）に支払うことで、ある企業（参照組織）の債務不履行に対するプロテクションをCDSの売り手から買い取る。契約期間中に参照組織の倒産など（クレジットイベント）が起こった場合、プロテクションの売り手は買い手に対して所定の支払等を行う。

　このように、取引の外形は「保証」や「信用保険」に類似し、補償を受ける当事者（保証でいう被保証人）は、取引の対象となる信用リスクを、補償を提供する当事者（保証でいう保証人）に移転する。

　金利スワップ取引は、店頭で行われているデリバティブ取引（OTCデリバティブ取引）で、将来の金利上昇や金利低下に伴うリスクをヘッジするために、固定金利と変動金利または変動金利と固定金利を交換する取引である。たとえば、金融機関Aが金融機関Bに変動金利を支払うとともに、金融機関Bは金融機関Aに固定金利を支払う。

　一定の条件に該当するCDSや金利スワップ取引には、店頭デリバティブ等の規制に関する内閣府令によって清算機関の利用が課されている（清算集中義務）。また、デリバティブに関する任意団体としてISDA（International Swaps and Derivatives Association、国際スワップ・デリバティブ協会）が存在し、デリバティブの実務の発展のために各種活動を行っている。店頭デリバティブ市場における実務的な問題、リスク管理、ドキュメンテーション等について活発な議論が行われている。

3 国債店頭取引

　日本国債の売買に加えて、国債を担保等にしたレポ取引が店頭市場において行われている。レポ取引は国債を買い戻す現先取引（または担保とした）として短期金融市場の手段として用いられている。国債の調達ニーズと保有国債の運用ニーズ、資金調達ニーズと資金運用ニーズをもとに一定期間（スタート取引からエンド取引までの期間。多くの取引が1日のオーバーナイト取引）

において取引されている。

４．ガバナンス・リスク管理

（1） ガバナンス

　JSCCは、日本国の重要な金融資本市場・商品市場におけるインフラとして、強固なリスク管理態勢を構築している。また、各清算部門は、それぞれ種類株式を発行して固有の資本を有していて、株主総会およびそれぞれの種類株主総会の決議によって会社の基本的な意思決定が行われている。そして、JSCCは、取締役会の役割・責務をはじめとして、ガバナンスを運営していくにあたっての指針をガバナンス運営ガイドラインとして公表している。

　さらに、取締役会には諮問委員会が設置され、清算参加者や外部の有識者等によって構成されている。まず、各清算業務に共通するものとして、リスク委員会と措置評価委員会がある。それぞれ、清算業務のリスクに関連した事項への諮問、清算参加者に対する必要な措置をとる権限を行使する場合の諮問がなされる。

　また、各清算業務においては運営委員会や、破綻管理委員会などが設けられている。それぞれ、制度や運用の変更等に関する事項の諮問、清算参加者の破綻等を認定した場合における損失回避のための措置および破綻処理入札の実施等の助言が行われる。

（2） リスク管理

　JSCCは、清算機関として債務引受け・債務負担を行い、個々の取引相手の信用リスクを負うため、そのリスクを適切に把握・管理する必要がある。そのため、JSCCでは、清算参加者制度を設け、清算参加者に対して一定の参加基準を満たすことを求めるとともに、常に清算参加者の状況をモニタリングしている。また、JSCCは、清算参加者の有するポジションに係るリス

ク管理のため、担保制度を設け、清算参加者に担保の預託を求めている。加えて、万が一清算参加者が破綻した場合に発生し得る損失に備え、清算業務ごとに重層的な損失補償スキームを構築している。

　具体的には清算参加者が破綻した場合に備えて、証拠金と清算基金の預託を清算参加者に求めている[6]。これら証拠金と清算基金は清算預託金[7]に位置づけられている。

　まず、清算参加者が破綻した場合における損失額をその破綻清算参加者の負担によりカバーするための担保として、証拠金を預託することを各清算参加者に求めている。各清算業務において、通常の市場環境における将来の潜在的なリスク（ポテンシャル・フューチャー・エクスポージャー）を最低でも信頼水準99％以上でカバーするように設計された額以上の証拠金の預託を清算参加者から受けることとしており、清算対象商品ごとに、その特性に応じた証拠金算出方法が採用されている。

　また、追加的な財務資源として、清算業務ごとに、極端であるが現実に起こりうる市場環境において複数の清算参加者が破綻した場合を想定したポテンシャル・フューチャー・エクスポージャーをカバーする清算基金を預託することを各清算参加者に求めている。

5．まとめ

　JSCCの生みの親は、市場参加者（ユーザー）による「統一清算機関」に対する必要性であり、今後の育ての親もユーザーの清算業務に対する利便性・効率性・安全性向上に対するニーズである。

　JSCCに寄せられるユーザーからの期待は大きく、金融・商品取引のグローバル化のなかで市場の国際競争力を左右する決済インフラとしての立場として、これからも使い勝手の良いマーケットインフラの構築に向けて鋭意取り

6　国債店頭取引清算業務における当初証拠金と清算基金については第5部を参照。
7　金融商品取引法156条の11において「清算参加者が金融商品取引清算機関に対し債務の履行を担保するために預託する金銭その他の財産」と規定されている。

組み、いっそうの効率的かつ安定的な清算業務の提供を目指していく。

BOX 　証券保管振替機構

　ポスト・トレードを担う重要な機関の1つとして証券保管振替機構が存在し、電子化された証券（株式や社債等）の振替え等を行っている。株式等振替制度として、上場会社の株式等に係る株券等がすべて廃止されたことで、株券等の存在を前提として行われてきた株主等の権利の管理（発生、移転および消滅）を、機構および証券会社等に開設された口座において電子的に行っている。また、金融機関の取引に係る約定および決済の電子的照合を行う決済照合システムも提供されている。

　同機構は1984年に財団法人として発足し、2002年に株式会社化（設立・譲受け・解散）をしている。2005年に決済照合システムに国債レポ取引の照合機能が追加された。

〈参考文献〉

CCP12 webサイト

証券保管振替機構 webサイト

日本証券クリアリング機構 webサイト

日本証券クリアリング機構 webサイト（2019）「アニュアルレポート2018年版」

日本証券クリアリング機構 webサイト（2020）「FMI原則に基づく情報開示」

日本証券クリアリング機構 webサイト（2021）「株式会社日本証券クリアリング機構会社案内　2021年7月」

日本銀行（2017）「清算機関（CCP）を巡るグローバルな対応について」決済システムレポート別冊

第8章 日本における国債の清算機関の歩み

本章では、国内初の国債店頭取引の清算機関である日本国債清算機関の設立の経緯、その後の取組み、日本証券クリアリング機構との合併を経て国債決済期間短縮化の実現までの推移をたどって、わが国における国債店頭取引に係る清算機能の強化・改善の経過についてみていく。

1. 証券決済制度改革と国債における清算機関の必要性

1999年7月、国際的に通用する市場にふさわしい受渡・決済制度の構築を目指して、証券受渡・決済制度改革懇談会が日本証券業協会に設置され、国際的に通用する受渡・決済制度の要件、現行制度の改善点、必要な組織、システムの費用負担について検討を進めることとなった。

証券取引のグローバル化が進展し、わが国も国際的な市場間競争にさらされるなかで、諸外国では「T＋1」（取引日翌日の証券決済）という目標を掲げて積極的な努力が続けられており、わが国の受渡・決済制度における「STP」(Straight-Through Processing) 化や、「T＋1」の実現のためには、証券市場で取引される商品を、できる限り横断的に対象とし、市場参加者が幅広く利用できるような統一的な制度の構築を目指して検討を開始する必要性があった。

その後2000年3月に取りまとめられた「証券受渡・決済制度改革に関する中間報告書」において、国債については日銀での即時決済型のDVP決済（証券と資金の同時決済）の導入等をふまえ、清算機関の設立などについて早急な検討が望まれることとされ、2000年6月27日の金融審議会答申「21世紀を支える金融の新しい枠組みについて」における証券決済システムの改革に関

するワーキング・グループ（座長：池尾和人 慶應義塾大学経済学部教授（当時））報告「21世紀に向けた証券決済システム改革について」において、証券決済の安全性、効率性、利便性の向上や、証券市場の十分な機能発揮、国際競争力強化を目的とした改革の目標として決済期間の短縮化およびDVPの実現が掲げられ、統一的な証券決済法制の整備や包括的証券決済機関の実現が望まれることとされた。

本報告を契機として、2000年6月、懇談会のもとに「DVP決済方式の推進と清算機能の活用等に関するワーキング・グループ」（座長：神作裕之 学習院大学法学部教授（当時））が設置され、清算機関の法的位置づけ、担保法制、リスク対策措置の管理方法、国債決済の円滑なRTGS化のための清算機能の問題等が検討され、その後の2002年、証券取引法の改正が行われている。

また、財務省が開催している国債市場懇談会が取りまとめた「流通市場における流動性向上のための提言」（2001年3月）において、国債清算機関の創設が提言されたことを受け、2001年5月に市場関係者等を中心に「国債の清算機関等に関する勉強会」が設置された。同年1月に開始された決済のRTGS化の定着や、今後の国債発行増をふまえ、清算機関の設立などさらなる市場整備が必要であるとの指摘を受け、勉強会では本格的な検討に先立ち、海外の清算機関やRTGS決済の実態、その背景となる金融インフラ等を調査しつつ、わが国の国債決済の現状を分析することにより国債の清算機関・RTGS決済の機能向上を目指すことを目的とされた。

その後、勉強会が整理した業務内容に関する素案をもとに検討を行う「国債清算機関設立の具体化に関するワーキング・グループ」が設置され、①主な業務内容、②設立にかかわるコストの見積り・照合機能整備のあり方、③設立方法等について検討が行われた。

勉強会の検討後の2002年11月、国債清算機関への出資意思をもったメンバーにより、日本国債清算機関設立準備委員会が設置され、株式会社設立に向けた本格的な検討が進み、2003年3月から6月にかけて、社名、その他基

本的枠組み、業務要綱案が取りまとめられ、公表している。

　この業務要綱案では、照合機関における約定照合時の清算機関利用希望により清算機関へのデータが連携されるスキームや、参加者や代理人による参加、ネッティング口座の開設、債務引受けとネッティング処理、日本銀行を通じた国債および資金決済といった、現在まで利用されている国債店頭取引清算業務の基本的なスキームがまとめられている。

２．日本国債清算機関の設立

　国債清算機関設立準備委員会による検討、会社設立に向けた準備を経て、2003年10月、株式会社日本国債清算機関が設立されることとなった。

　会社設立後、2005年４月の有価証券債務引受業免許取得、システム開発やテスト、その他業務開始の準備を経て、2005年５月２日、清算業務を開始している。

　事務所は、証券界との連携の重要性や、交通の利便性から、東京都中央区日本橋兜町の東京証券取引所ビルに開設されている（図表３－８－１）。組織としては、図表３－８－２のような体制で業務を開始することとなった。

　日本国債清算機関は、株主総会、取締役会、取締役社長のもと、主に清算機関としての業務に関する制度の企画・立案等を行う企画グループ、主に決済業務に関する事務を担当する業務グループ、主に清算参加者の財務状況等

図表３－８－１　東京証券取引所ビルの写真と日本国債清算機関ロゴマーク

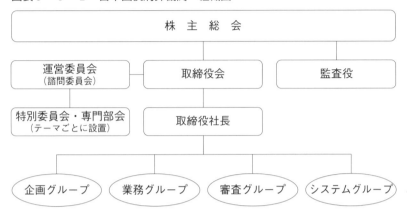

図表3－8－2　日本国債清算機関　組織図

のモニタリングに関する事務を担当する審査グループが設置された。その後の2007年には、システムグループが設置され、システム全般に関する事務を担当している。

　また、株主である利用者の自治組織という側面もあったことから、取締役会の諮問機関として清算参加者の委員で構成される運営委員会が設置され、経営、制度、運用等について参加者の承認を得た後、取締役会に諮られることとなっている。運営委員会制度は清算参加者の意見確認の場として有効であることから、現在においても継続して設置されている。また、運営委員会の下部検討組織として特別委員会や専門部会をテーマごとに設置し、分野ごとに詳細な検討を行うことが可能な体制としていた。

　業務開始直後の5月から7月までの3カ月間は、一日平均の債務引受金額が28.5兆円、市場シェアに関しては売買取引が約5割、貸借取引においては約4分の1程度を占めて推移している（図表3－8－3）。

　一方で決済業務に関しては、市場全体のDVP決済件数に対して全体の4分の1以上がJGBCCとの決済となっており、ネッティングによる決済削減効果も圧縮率約30％弱となっていた。国債を当初予定どおりに受渡しできないフェイルについては、開業当初の5月は清算機関関係で158件、市場全体

図表3－8－3　業務開始当初の債務引受、決済金額推移

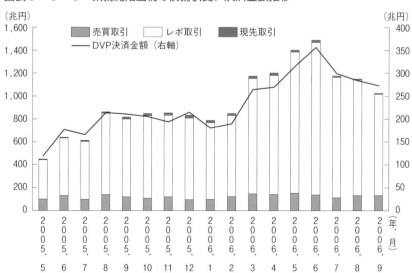

でも600件台と一時的に増加したが、7月については清算機関関係で20件、市場全体でも初めて100件を下回る水準まで減少し、清算機関を通じた決済によるフェイル削減の効果が確認されている。

　業務開始から半年後の2005年11月には、レポ取引のロール時における清算機関利用への移行を円滑化するため、一定期間におけるレポ取引においてエンド決済のみ債務引受けを行う「決済日等を条件とする債務引受け」制度を開始している。

　従来、レポ取引でよく行われる同じ銘柄を同じ取引相手との間で継続している場合に、清算機関の利用に変更するためには清算機関利用のタイミングにおいて、一度清算機関外でエンド取引を決済し、同日に清算機関経由でスタート決済をする必要があった。これでは、切替日において国債の調達や、清算機関外、清算機関経由の二度の決済が必要となり、ロールが継続しているレポ取引の清算機関利用の妨げとなっていた。これをJGBCCがエンド取引のみ清算機関利用とする条件で債務引受けすることにより、不要な国債の

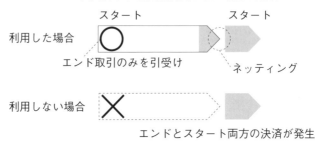

図表3−8−4　エンド決済のみを債務引受けした場合の効果

利用した場合

スタート

エンド取引のみを引受け

スタート

ネッティング

利用しない場合

エンドとスタート両方の決済が発生

調達や決済が不要となり、円滑に清算機関利用への切替えが進むこととなった（図表3−8−4）。

　レポ取引の清算機関利用の円滑化対応もあり、債務引受金額については、2005年の一日平均36兆円から、2008年の一日平均85兆円と順調に増加している。また、決済金額についても、2005年の一日平均9兆円から2008年の1日平均20兆円に増加、ネッティング効果についても、25％程度が継続しており、清算機関利用による効果が継続していることが確認できる。日銀DVP決済における清算機関のシェアも、2005年の30％程度から、2008年の40％程度に上昇しており、市場参加者による清算機関利用の増加がみられている。

　また、2008年7月には、参加者の事務負担軽減等の観点から、これまで参加者からの申請により算出し、証拠金計算等で利用していたレポレートに係る申請を廃止し、「東京レポ・レート」を用いることにするなど、継続的に制度の見直しを行っている。

3．リーマンショックと国債清算機関

　2008年9月15日、当時の米国の世界有数の巨大証券会社であったリーマン・ブラザーズ証券が経営破綻した。当時、リーマン・ブラザーズ証券は日本国債清算機関においても一定のシェアをもつ清算参加者であったため、未決済のポジションの処理や、担保による破綻処理損失の充当といった一連の破綻処理を行っている[1]。

リーマン・ブラザーズ証券破綻により、国債市場においては、一時的に国債レポ市場の市場流動性が低下し、金利体系のゆがみや、市場全体の価格発見機能の低下といった影響がみられた。

これを受け、2010年1月、金融庁は「金融・資本市場に係る制度整備について」を取りまとめ、そのなかで国債市場における証券決済・清算態勢の強化がうたわれ、市場関係者において国債取引における決済リスクの削減に向け、①清算機関の利用拡大を目的として日本国債清算機関の態勢強化、清算機関利用にあたっての関係法令の取扱いまたは実務ルールの明確化の早期対応、②決済期間の短縮、フェイル慣行の確立・普及が求められた。

その後の2010年6月29日、日本証券業協会、日本国債清算機関、日本証券クリアリング機構、信託協会の4社は、「国債取引の決済リスク削減に関する工程表」(以下「工程表」という)を取りまとめ、市場関係者と検討を進めることとなった。

工程表では、①国債取引の決済期間の短縮化、②国債取引に係るフェイル慣行の定着・普及、③国債清算機関の態勢強化、ガバナンスの充実、④国債取引における清算機関の利用拡大の観点で、それぞれ決済リスクの削減に向け取組みがなされることとなった。

リーマン・ブラザーズ証券破綻の結果、それまでの国債RTGS決済の事務円滑化というメリットに加えて、破綻時の円滑な処理を通じて、清算機関の決済リスク管理の重要性が国債市場参加者全体により認識されることとなり、清算機関の利用促進がより図られる流れとなった。

4．決済リスク削減に向けた取組み

国債取引の決済リスク削減に関する工程表において取りまとめられ、進められた施策について、以下に解説する。

1　当時のJSCCにおける破綻処理については樋出(2016)を参照。

(1) 国債取引の決済期間の短縮化

　国債取引の決済期間については、当時の業界慣行として、国債のアウトライト（売買）取引の約定から決済までの標準的な期間は、約定日の3日後（T＋3）となっていた。約定から決済までの期間は、決済が履行されないリスク、すなわち決済リスクにさらされている状況にあるため、T＋2、T＋1と決済期間を短縮することで、未決済の取引量を減少させ、市場全体の決済リスクを低減させることとした。

　決済期間の短縮については、工程表公表に先立つ2009年9月、日本証券業協会において、「国債の決済期間の短縮化に関する検討ワーキング・グループ」（以下「決済短縮WG」という）が設置され、決済期間の短縮について幅広い国債市場関係者において検討が進められていた。

　決済短縮WGにおいて、アウトライトT＋2化については2012年4月23日（約定分）から移行が行われた。その際、以下のaからdの対応を行い、事前に市場関係者への周知を行っている。

　　a　「国債の即時グロス決済に関するガイドライン」の一部改正

　　b　「相対ネッティング照合等の実務に関する取扱指針」の策定

　　c　「「国債の即時グロス決済に関するガイドライン」および「フェイルチャージの実務に関する取扱指針」に基づく決済についてのQ&A」の一部改正

　　d　「機関投資家や信託銀行と証券会社等の間のフロント照合および出来通知データの授受等の実務に関する取扱指針」の策定、「国債の即時グロス決済に関するガイドライン」の一部改正、「相対ネッティング照合等の実務に関する取扱指針」の策定

　T＋2化実施後に行われた幅広い市場関係者へのアンケートにおいても、円滑にT＋2化への移行が行われていることが確認されている。

　また、日本国債清算機関においては、T＋2化にあわせて、国債の時価評価や変動証拠金算出に際して使用する「レギュラー受渡日」の基準をT＋3

からＴ＋２に変更することで、リスク管理、証拠金算出の適正を行った。

　これらＴ＋２化の取組みと並行して、Ｔ＋１化の検討も進められている（Ｔ＋１化の検討、実施の経緯については第12章にて説明）。

⑵　国債取引に係るフェイル慣行の定着・普及

　リーマンショック後の国債の流動性低下の原因の１つとして、2001年に導入されたフェイル制度の理解不足や低金利下での経済効果等が考えられることから、債券決済におけるフェイル慣行等を改めて見直す必要性が市場関係者の間で強く認識された。

　これを受け、2009年５月、日本証券業協会において、「債券のフェイル慣行の見直しに関するワーキング・グループ」が設置され、フェイル慣行の見直し、バイ・インルールの見直し等が検討された。そのなかで、①フェイルチャージの導入、水準、適用範囲、②カットオフタイムの見直しについて取りまとめられている。また、その他の検討として、①空レポ規制、②フェイル関連の情報開示の拡充、③フェイル時の経緯説明、④当事者間によるエンドフェイル後のマージンコール、⑤ループ解消手続について結果が取りまとめられている。また、「フェイルチャージの実務に関する取扱指針」が策定され、請求、支払の実務が整備された。

　その後、2010年11月１日、日本証券業協会の「国債の即時グロス決済に関するガイドライン」が改正され、フェイルチャージ等の新たな市場慣行が導入されている。

　これを受け、日本国債清算機関においても、フェイル慣行の見直しに伴う対応として、2010年11月１日から、カットオフタイム（決済時限）についてこれまでのDVP１が15時、DVP２の15時30分から、それぞれ13時30分および14時に前倒すとともに、市場慣行にあわせてフェイルチャージの導入を行っている。

　その後の業界に対するフォローアップ調査においても、フェイル慣行の定着が進んでいることが確認されている。

(3) 国債清算機関の態勢強化、ガバナンスの充実

　日本国債清算機関は、これまでみてきたように、決済事務の効率化を目的に組織されたユーザーオリエンテッドな組織形態・運営となっており、リーマンショックを契機に、清算機関の重要な機能である決済リスク管理および決済履行保証機能が注目されることとなり、態勢強化、ガバナンスの充実に取り組むこととなった。

　具体的には、工程表においてガバナンス、組織、人員の観点で、日本証券クリアリング機構（JSCC）との連携強化を行う方向性が示されている。

　ガバナンス面では、2010年9月のJSCCによる出資（出資比率35.6％）および常勤取締役の派遣、リスク管理担当役員の設置といった取締役の拡充、組織面ではリスク管理部門、内部監査室の設置、人員面ではJSCCからの出向者の受入れや専門ノウハウのある社員の増強（プロパー社員化）など強化を図り、その後2013年10月にはJSCCと合併し、より高い水準の業務執行体制が確立している。国債店頭取引の清算業務は、JSCC内における専門の部門による業務となり、国債店頭取引に係るリスク管理については、専門の部門

図表3－8－5　合併時のJSCCの組織図

により現物株式や上場デリバティブ取引、OTCデリバティブ取引とともに商品横断的なリスク管理体制が構築されている。また、JSCC取締役会の諮問委員会として、国債店頭取引運営委員会を設置し、清算参加者の意見を反映する機能も継続している（図表3－8－5）。

　また、国債清算業務のその他の取組みとしては、清算参加者の資金決済不履行時におけるレポ取引による資金調達スキームの拡充も行っている。

⑷　国債取引における清算機関の利用拡大

　2010年当時、日本国債清算機関の利用率は市場全体の国債取引のうち4割程度となっており、決済リスク削減の観点からは、清算機関の利用拡大が求められた。

　利用拡大にあたっては、国債の主要な貸し手である信託銀行の清算機関利用が必要であり、信託銀行の特性に十分配慮した制度を目指すこととなった。

　具体的には、複数ネッティング口座の設定、サブアカウント機能、サブアカウントへのフェイル割当ルールの明確化、信託の特性を考慮したクリアリング・ファンド（現在の当初証拠金）所要額の増額ルール、複数ネッティング口座合算のクリアリング・ファンド所要額算出、小口未決済取引の決済順位劣後の改善、破綻時一括清算、差引計算の適用条件の制度整備、信託銀行の清算機関運営関与など、信託銀行とともに多岐にわたる検討を行うとともに、システム対応を進めた。

　また、信託銀行では、清算機関の利用はファンドの利用者である投資家の同意が必要であり、投資家に対して、清算機関における制度改正内容の説明を行い、理解を得る取組みを継続した。その結果、2014年6月、信託銀行による清算参加者加入が実現している。

　信託銀行の加入前後の一日平均の債務引受金額をみてみると、2013年の41.6兆円、2014年の48.6兆円、2015年の58.1兆円と、信託銀行加入を契機に増加している。また、日銀DVP決済における比率（額面）は、2013年

39.8%、2014年41.8%、2015年50.3%、2016年には54.6%と、債務引受けの増加に伴い、清算機関を経由した決済も増加している。

〈参考文献〉

金融庁（2009）「金融・資本市場に係る制度整備について」

国債清算機関設立準備委員会（2003）「日本国債清算機関業務要綱案」

日本証券業協会（2000）「証券受渡・決済制度改革に関する中間報告書」

日本証券業協会（2010）「債券のフェイル慣行の見直しに関するワーキング・グループ最終報告書」

樋出幹雄（2016）「清算機関の話(1)」JPX webサイト　先物・オプション取引を知る・学ぶ有識者コラム、第14話

第9章 国際規制

1. 総　論

　JSCCには金融商品取引法や商品先物取引法などの国内規制が適用されるのはもちろんであるが、実は、さまざまな国際規制の適用や影響も受けている。そこで、本章ではJSCCに関連する国際規制の概要を説明する。

　2008年のリーマン・ブラザーズ証券破綻に端を発する金融危機を経て、グローバルな金融システムの安定性確保における清算機関の重要性の認識は国際的に大きく高まった。グローバルな金融機関が破綻すると、他の金融機関に法域をまたいだ連鎖的な悪影響（決済がつかないことによる連鎖破綻等）を引き起こす危険（システミック・リスク）が生じる。しかしながら、取引所取引などの清算済取引については、各清算機関がリーマン・ブラザーズ証券の保有ポジションや想定損失を即時に把握し、事前に設定していた破綻処理ルールに従ってリーマン・ブラザーズ証券からの預託担保を損失に充当して秩序立った破綻処理を行い、他の金融機関への決済保証機能を果たし、他の金融機関へ影響が連鎖することを防止した。

　これに対し、非清算の店頭デリバティブ取引については、リーマン・ブラザーズ証券破綻に伴う想定損失の把握が困難であったこと、破綻に対してどのような対応がとられるのかが不明確であったことから、各取引当事者が新たにリスクをとることを極端に控え、この結果、信用収縮が発生した。このように、店頭デリバティブ市場に市場規模に見合ったリスク管理インフラが十分に整備されていなかったことが金融危機の一因と考えられ、2009年のＧ20ピッツバーグ・サミットの首脳声明[1]では以下のように謳われている。

遅くとも2012年末までに、標準化されたすべての店頭（OTC）デリバティブ契約は、適当な場合には、取引所または電子取引基盤を通じて取引され、中央清算機関を通じて決済されるべきである。店頭デリバティブ契約は、取引情報蓄積機関に報告されるべきである。中央清算機関を通じて決済がされない契約は、より高い所要自己資本賦課の対象とされるべきである。われわれは、FSBとその関連メンバーに対して、実施状況およびデリバティブ市場の透明性を改善し、システミック・リスクを緩和し、市場の濫用から守るために十分かどうかにつき、定期的に評価することを要請する。

　こうして金融システムの安定確保における清算機関の機能の重要性の認識が国際的に高まり、各法域で、店頭デリバティブ取引を清算機関で清算することを金融機関等に対して義務づける清算集中が進展したが、このことは金融機関等の信用リスクが集中する清算機関の安全性確保の重要性の高まりも意味し、清算機関に対する規制強化が国際的に図られてきた。

　また、各法域でも、自国の金融機関等に清算サービスを提供する清算機関に対しては法域をまたいだ規制適用が進展した。たとえば、日本の清算機関であるJSCCは、本書の執筆時現在、米国、欧州、豪州、香港およびスイスといった複数の海外当局から認証等を受け、規制の対象となっている。

　このように、1つの清算機関に対して複数の法域の規制が適用される場合、法域ごとの規制内容の違いが規制遵守コストを高め、当該清算機関にグローバルなサービス提供を断念させるおそれもある。各法域において、より多くの取引を清算する必要性が高まるなかで、規制のコンフリクトによって清算サービスが縮減することは本末転倒であり、法域間の規制の調和を図る取組みも重要となる。こうした、清算機関に対する国際的な規制の強化と調和を実現するための最大の取組みは「金融市場インフラのための原則」（原

1　https://www.mofa.go.jp/mofaj/gaiko/g20/0909_seimei_ka.html

題「Principles for financial market infrastructures」：FMI原則）の制定であろう。

　FMI原則は、2012年4月、金融当局の国際機関である支払・決済システム委員会（CPSS）[2] と証券監督者国際機構（IOSCO）が策定した、清算機関を含む金融市場インフラ（FMI）の安全性・効率性の確保のための国際基準である。各法域の当局は、FMI原則の内容を自国の規制に取り入れ、また、自国の規制と他法域の規制の間における同等性評価の指標ともしている。

　金融危機の経験は、銀行等の金融機関に対する資本賦課規制（いわゆるバーゼル資本規制）の整備ももたらした。清算機関には資本賦課が課されるわけではないが、先に引用した2009年のG20ピッツバーグ・サミットの首脳声明で「中央清算機関を通じて決済がされない契約は、より高い所要自己資本賦課の対象とされるべき」とされている。このように、金融機関である清算参加者においては、資本賦課規制を通じて、より多くの取引を清算するインセンティブが与えられている。

　以下では、JSCCの業務に影響を与える上述の国際規制（FMI原則、各国規制、資本賦課規制）について項目を分けて概説する。

　なお、本書で紹介するもの以外にも、国際的な規制の枠組みが清算機関の業務に影響を与えることは少なくない。たとえば、清算機関がなんらかの理由で破綻した場合において損失処理に必要な財源の測定や破綻した清算機関の株主資本に対する扱いについて、各国中央銀行および証券規制当局から構成される金融安定理事会（Financial Stability Board、FSB）から2020年5月に市中協議案が公表されている[3]。

　このほか、非清算取引に対する証拠金規制は、清算集中義務の対象でない取引の清算ニーズに影響を与えるし、金融機関の破綻処理（resolution）の枠組みでは、円滑な破綻処理の観点から、破綻した金融機関が清算機関にアク

2　本書執筆時現在の名称はCPMI（国際決済銀行 決済・市場インフラ委員会）。
3　https://www.fsb.org/2020/05/fsb-consults-on-guidance-on-assessing-the-adequacy-of-financial-resources-for-ccp-resolution/

セスするうえでの、権利・義務等を明確化することが要請されている[4]。また、店頭デリバティブ取引の取引報告の国際的な枠組みの進展（例：取引識別子であるUnique Trade Identifierの付番義務化[5]など）は、清算機関が行う取引報告に影響を与える。さらにコロナ禍による2020年上旬の市場変動による証拠金負担（証拠金の変動状況、透明性、予測可能性および市場関係者に与えた影響など）について当局間で行われているほか[6]、清算参加者破綻時におけるオークション実務のあり方についても国際的な議論が行われている[7]。

2．FMI原則

(1) 制定経緯および概要

清算集中によって取引リスクが集中する清算機関の安全性を確保することが不可欠となるなかで、清算機関を含む金融市場インフラが遵守すべき国際基準としてCPSS-IOSCOが2012年に公表したのが、FMI原則である。

FMI原則の内容は、各国当局によって国内規制に取り込まれており、わが国では、金融庁が2013年末にFMI原則の内容をふまえた清算機関向けの監督指針を策定している。わが国（金融庁および日銀）の清算機関に係るFMI原則の実施状況は、2015年にCPMI-IOSCOが公表したモニタリング評価（レベル２評価）[8]において、欧米に先立って完全実施の評価を受けた。

FMI原則には24個の原則が掲げられている[9]。FMI原則の項目分けに従って分類すると、FMIの組織一般に関する原則、信用リスクや資金流動性の管

---

4 https://www.fsb.org/wp-content/uploads/P060717-2.pdf
  https://www.fsb.org/wp-content/uploads/P200821-2.pdf
5 https://www.bis.org/cpmi/publ/d158.pdf
6 https://www.bis.org/bcbs/publ/d526.pdf
7 https://www.bis.org/cpmi/publ/d192.pdf
8 https://www.fsa.go.jp/inter/ios/20150203-1.html
9 清算機関以外のFMIを対象とする原則も含まれるため、24個の原則のすべてが清算機関に適用されるわけではない。たとえば、原則11は証券集中振替機関を、原則24は取引情報蓄積機関を、それぞれ対象としている。

理に関する原則、決済に関する原則、破綻処理に関する原則、ビジネスリスクやオペレーショナルリスクの管理に関する原則、アクセス、効率性、透明性に関する原則が含まれており、それぞれにおいて清算機関に対する国際的な要求水準が示されている。

　各原則においては重要な考慮事項（Key Consideration）と付属説明が記載されていて、原則の適用にあたっての指針としての機能を果たしている。たとえば、原則4の重要な考慮事項4では、複雑なリスク特性を伴う清算業務に従事しているCCPや複数法域でシステム上重要なCCPに対して、エクスポージャーの大きな2先の破綻をカバーできるだけの損失補償財源（いわゆる「カバー2」）が求められ、また、原則6（証拠金）の重要な考慮事項3では、推計将来エクスポージャーの分布の片側信頼水準99％をカバーするだけの当初証拠金の預託を受けるべきことが示されるなど、リスク管理の具体的な水準が示されている。

　また、FMI原則の公表後、各法域で適用されるFMI原則の内容に格差が生じないよう、より詳細な追加ガイダンスが随時公表されている。2016年6月にはサイバーレジリエンスについての追加ガイダンスが、2017年7月には清算機関の強靭性[10]と再建[11]についての追加ガイダンスが、それぞれ公表されているが、たとえば、後者は、清算機関が危機に瀕した際にどのように行動すべきかの再建計画を整備すべきことを求めている。

⑵　定性開示と定量開示

　JSCCは、FMI原則の原則23（重要な考慮事項5）およびCPSS-IOSCOが2012年12月に公表した「金融市場インフラのための原則：情報開示の枠組みと評価方法」[12]に従って、自身のFMI原則の遵守状況を評価してwebサイト[13]

10　https://www.bis.org/cpmi/publ/d163.pdf

11　https://www.bis.org/cpmi/publ/d162.pdf

12　https://www.bis.org/cpmi/publ/d101.htm

13　https://www.jpx.co.jp/jscc/kaisya/fmi_pdf.html

で開示（定性開示）している。このなかでは、少なくとも2年に1回または記載した内容に重大な変更があった場合に開示の更新を行うことが求められているが、JSCCでは毎年3月末に開示を更新しているほか、商品デリバティブ清算の開始のように制度に大きな変更があった場合にも開示を更新している。

　また、JSCCは、CPMI-IOSCOが2015年2月に公表した「清算機関のための定量的な情報開示基準」[14]に従って、四半期ごとに定量的な情報をJSCCのwebサイト[15]で開示している。

3．各国規制

　JSCCは、本書の執筆時現在、米国CFTC、欧州ESMA、豪州ASICおよびRBA、香港SFCならびにスイスFINMAによる規制対象となっている。背景として、JSCCに外国籍の清算参加者が存在していること、およびG4通貨である円の金利スワップがこれらの当局の自法域にて清算集中の対象となっている[16]ことから、これら法域からのJSCCへのアクセスに支障が生じないよう、清算機関としてのライセンスを有しているためである。以下ではそれぞれの海外当局との関係を概説する。

(1)　米国CFTC

1　Exempt DCO

　JSCCは、金利スワップ取引の清算業務に関し、2015年10月、米国商品先物取引委員会（CFTC）より、米国商品取引所法上のデリバティブ清算機関

14　https://www.bis.org/cpmi/publ/d125.htm

15　https://www.jpx.co.jp/jscc/kaisya/fmi_pdf2.html

16　ただし、本書の執筆時現在、欧州の清算集中義務の対象を定めるDelegated Regulation（EU）2015/2205（Annex）にTONA OISは含まれていないが、ESMAが2022年7月に公表した市中協議案ではこれを清算集中義務の対象に加える提案をしている。https://www.esma.europa.eu/sites/default/files/library/esma70-156-4953_final_report_on_the_co_and_dto_re_benchmark_transition.pdf

（Derivatives Clearing Organization、DCO）としての登録義務の免除決定（Order of Exemption from Registration。以下「Exempt Order」という）を受けた。

さらに、2017年5月、この登録免除の対象となる清算取引の範囲をCFTCの管轄対象となるすべてのスワップ取引に拡大する決定を受けている。この結果、JSCCの清算業務のうち、金利スワップ取引清算業務とCDS清算業務（CFTCの規制管轄下にあるインデックスCDSのみ）が、CFTCのExempt Orderの対象となっている（管轄対象商品）。

Exempt Orderにより、CFTCのガイダンス上[17]、U.S. Personに該当する清算参加者および清算参加者のアフィリエイト（清算参加者と同一の企業集団に属する清算委託者）は、管轄対象商品をJSCCで清算することで、米国商品取引所法上の清算集中義務を履行することが可能となっている。

一方、JSCCがU.S. Personに該当するクライアント（清算参加者と同一の企業集団に属さない清算委託者）のために管轄対象商品を清算することは、Exempt Orderによって禁止されている。現在、JSCCは、CDS清算業務における清算取次はアフィリエイトを清算委託者とする場合のみを認めているため、この禁止事項は問題とならない。これに対し、金利スワップ清算においては、クライアント取引の清算を行っていることから、Exempt Orderの禁止事項に抵触することのないよう、JSCCでは、新たにオンボードしようとするクライアントが米国人に該当するか否かの申告を受託清算参加者に求めるほか、CFTCのガイダンスに照らして必要と認められる場合には、クライアントの属性に関してさらに詳細な確認を清算参加者に対して行っている。

2 Exempt DCOとしての報告義務

Exempt Orderでは、以下のとおり、JSCCに対する、CFTCへの一般的な報告義務やSDR報告義務が定められている。

まず、一般的な報告義務として、JSCCはCFTCに対して、スワップ取引

---

17 Interpretive Guidance and Policy Statement regarding Compliance with Certain Swap Regulations（78 Fed.Reg.45292（July 26,2013）

に係る米国人の当初証拠金所要額および預託額ならびに変動証拠金所要額を日次で報告している。また、各四半期における米国人の清算高や四半期末日時点の米国人参加者・アフィリエイトのリスト等を四半期ごとにCFTCに報告している。加えて、国内規制の重要な変更、JSCCの許認可についての変更、米国人参加者の破綻認定等があった場合には直ちにCFTCに報告すべきこととされている。

SDR報告については、CFTC RegulationのPart 45に基づいてSwap Data Repository（SDR）に報告されたスワップ取引（原取引）を清算した場合、JSCCは、当該SDRに対して清算に伴い原取引が解約されたことおよび清算によってJSCCと両当事者との間に生じた2つの清算約定についてSDRに報告することが義務づけられている。したがって、清算された原取引がPart 45に基づくSDR報告の対象となっていたか否かによって、JSCCによるSDR報告義務の対象か否かが決まることになる。この点、CFTCが2017年11月30日付で発出したNo-action letter（CFTC Letter No. 22-14[18]）により、①日本、EU、スイス、豪州およびカナダのSwap Dealerが、②一定のNon-Swap Dealer（米国人でなく、かつ、米国人の「guaranteed affiliate」および「conduit affiliate」のいずれにも該当しない者）との間で行うスワップ取引については、2025年12月1日までSDR報告が免除されている。

3 FBOTの清算機関

JSCCと同じJPX（日本取引所グループ）傘下の取引所である株式会社大阪取引所（OSE）と株式会社東京商品取引所（TOCOM）は、それぞれ、2018年8月22日付および2015年1月20日付で、CFTCから米国商品取引所法に基づくForeign Board of Trade（FBOT）としての登録の決定を受けており、これにより、OSEおよびTOCOMは、米国に拠点を置く証券業者等に対して取引システムへの直接接続を提供することが認められている。JSCCはこれらのFBOT登録を受けた取引所の清算機関として、FBOT登録維持のための

---

18 https://www.cftc.gov/csl/22-14/download

一定の報告等の義務の対象ともなっている。

（2） 欧州ESMA

1 第三国CCP認証

JSCCは、2015年4月27日付で、欧州証券市場監督局（ESMA）から、欧州市場インフラ規制（EMIR）Article 25に基づく第三国CCP（Third-Country CCP）の認証を受けており、当該認証のために必要な、清算機関の本国（日本）とEUの間の規制同等性の決定は、これに先立つ2014年10月になされている。この認証により、JSCCのすべての清算業務について、JSCCは欧州の清算参加者に対して清算サービスが提供可能となることに加え、JSCCの清算サービスを利用することで、EMIRが求める店頭デリバティブ取引の清算集中義務を欧州金融機関が果たすことも可能となる。また、第三国CCPの認証により、JSCCは、EU資本賦課規制上のQualifying Central Counterparty（QCCP）ともみなされる。

2 ブレグジットの影響

英国が2020年1月末日をもってEUを離脱（ブレグジット）したことが、日本の清算機関であるJSCCにも影響を及ぼしている。

欧州委員会は、2017年6月に第三国CCP認証の制度見直し案を公表し、第三国CCPを重要性に応じてTier 1、Tier 2の2段階に区分してTier 2 CCPに対してはEMIRの遵守を求める等の提案をしたが、これは、ブレグジットによって英国の清算機関であるLCHがEUの規制を外れることを念頭に置いたものと考えられる。

その後、2019年10月に第三国CCPへの規制強化を定めるEMIR改正がなされ、2019年12月12日付のOfficial Journalに掲載された[19]。2021年7月14日には、欧州委員会からこの規制に係る細則（Delegated Act）が制定されており[20]、第三国CCPがTier 1とTier 2のいずれに該当するかの評価基準の詳細

---

19 https://eur-lex.europa.eu/legal-content/EN/TXT/?uri=CELEX:32019R2099

案が示されている。

　また、第三国CCPに対して、Tier 1 とTier 2 のいずれに該当するかに応じて算出する年間手数料を課金する規制改正も2020年 9 月21日付のOfficial Journalに掲載されている[21]。これらのブレグジットに端を発した第三国CCPに対するEUの新規制はJSCCにも適用され、2021年12月、JSCCに対しては、Tier 1 に該当する旨の決定が行われている。

　さらには、ブレグジットに伴い、英国の清算参加者に清算サービスを提供するためにはBank of England（BOE）から第三国認証を受けることが必要になる[22]。もっとも、経過措置として、ブレグジット時点でESMAから第三国CCP認証を受けていた清算機関に対しては 3 年間の暫定認証（BOEの裁量による延長が可能）が適用され、BOEに対して第三国CCP認証の申請を行っていれば認証が得られる前であっても英国の清算参加者に清算サービスの提供を行うことが可能となっている。こうした暫定認証の対象となっている第三国CCP（JSCCも含まれる）のリストはBOEのwebサイトで公表されている[23]。

(3)　豪州、香港、スイス

　JSCCは、金利スワップ取引清算業務について、豪州当局である豪州証券投資委員会（Australian Securities and Investments Commission）と豪州準備銀行（Reserve Bank of Australia）から、店頭デリバティブ関連法令であるCorporations Amendment（Central Clearing and Single-Sided Reporting）Regulation 2015（Select Legislative Instrument No.157, 2015）7.5A.63に基づ

20　https://eur-lex.europa.eu/legal-content/EN/TXT/?uri=uriserv:OJ.L_.2020.305.01.0007.01. ENG

21　https://eur-lex.europa.eu/legal-content/EN/TXT/PDF/?uri=CELEX:32020R1302&from=EN

22　https://www.legislation.gov.uk/uksi/2018/1184/contents

23　https://www.bankofengland.co.uk/-/media/boe/files/financial-stability/financial-market-infrastructure-supervision/list-of-third-country-ccps.pdf?la=en&hash=8C96A829A5F570A235A4944912AFA278A8728399

くPrescribed CCPの指定を受けている。

　また、金利スワップ取引の清算業務に関し、香港の証券先物条例（Securities and Futures Ordinance）に基づき、香港法人に店頭デリバティブ取引の清算サービスを提供するためのATS-CCPの資格、および、JSCCで清算することで香港の清算集中義務を満たすためのdesignated CCPの資格を、証券先物取引委員会（Securities and Futures Commission）から付与されている。

　さらに、金利スワップの清算業務に関し、スイス連邦金融市場監督機構（Swiss Financial Market Supervisory Authority）より、金融市場インフラ法（Financial Market Infrastructure Act）60条に基づくForeign Central Counterpartyの認証も受けている。

4. バーゼル規制との関係

(1) 清算約定のエクスポージャーに係る資本賦課

　清算参加者である金融機関に資本賦課規制が課されることを通じて、資本賦課規制は清算機関の業務にも影響を与えている。2009年のG20ピッツバーグ・サミットの首脳声明で「中央清算機関を通じて決済がされない契約は、より高い所要自己資本賦課の対象とされるべき」とされたことは上述したが、各国の資本賦課規制では、資格要件を満たす清算機関（Qualifying Central Counterparty、QCCP）で清算された取引に対しては2％または4％のリスクウェイトを乗じることとされており、非清算取引について一般的に20％以上のリスクウェイトが課されることと比較して、大幅に有利な資本賦課（少ない資本を積むことで足りる）とされている。

　たとえば、国内の資本賦課規制の場合、「銀行法第14条の2の規定に基づき、銀行がその保有する資産等に照らし自己資本の充実の状況が適当であるかどうかを判断するための基準」（金融庁告示）の63条から65条が金融機関や法人等向けのリスクウェイトを定めているが、最も優れている信用リスク区分に属する場合でもリスクウェイトは20％とされている。これに対し、「適

格中央清算機関」に対するトレード・エクスポージャーのリスクウェイトは2％である（金融庁告示270条の7第2項1号）。「適格中央清算機関」とは、金商法などに規定される清算機関であって、金融庁告示270条の8第1項に定めるところにより清算基金の信用リスク・アセットの額（Kcm）を算出するにあたって必要な情報を銀行に提供している者とされている（金融庁告示1条7号の3）。

⑵　清算基金のエクスポージャーに係る資本賦課

　Kcmとは、清算参加者が清算機関に預託している清算基金（他の清算参加者が破綻した場合で、当該破綻参加者自身の預託担保や清算機関が拠出する財源よりも大きな破綻損失が生じたときに、超過した破綻損失に充当されるものとして、清算参加者が清算機関に拠出している財源）が費消されるリスクに対して課される所要自己資本額である。JSCCは、希望する清算参加者に対してKcmの額を毎月通知している。

　この点、Kcmを算出する前提として、清算機関はKccp（参加者破綻損失リスクに対する清算機関の仮定的な所要自己資本額）を算出する必要がある。Kccpは、金融機関が取引エクスポージャーを計算するのと同様の方法で計算されるが、バーゼルⅢの国際合意により、デリバティブ取引のエクスポージャー算出手法として、従来の計測方法であるカレント・エクスポージャー方式（CEM）にかわってSA-CCR方式（The standardised approach for measuring counterparty credit risk exposures）が導入されることとなった[24]。

　CEMでは同一のネッティングセットに属する反対方向のポジションが存在した場合でも最大でも60％のリスク相殺効果しか認められないのに対し、SA-CCRでは100％のリスク相殺効果もありうる等、より精緻にリスクを反映できる特徴があるとされている。

　これを受けて、国内では、2018年3月31日付で金融庁告示の改正が施行さ

---

[24]　https://www.bis.org/publ/bcbs279.htm

れ、派生商品取引の与信相当額の計測手法としてSA-CCR方式が導入された。ただし、経過措置（改正附則3条2項）により、「適格中央清算機関に係る清算基金の信用リスク・アセットの額」は、当分の間、CEMで算出すべきこととされている。

このため、本書の執筆時現在、JSCCは清算参加者に対し、CEMで算出したKcmを提供している。もっとも、海外でもSA-CCRの導入が進んでおり（EUでは2021年6月、米国では2022年1月が義務的遵守の期限）、海外金融機関グループに属する清算参加者が存在するJSCCでは、2022年1月よりSA-CCR方式で算出したKcmについても並行的に参加者への提供を開始している。

なお、国債店頭取引清算業務の清算参加者が預託する清算基金に関しては、デリバティブ取引のエクスポージャー算出方法の変更（SA-CCR方式の導入）は直接関係しないのでご留意いただきたい[25]。

25　ただし、bcbs227からbcbs282への基準の更新に伴い、Kcmの算出方法は一部変更されている。https://www.bis.org/publ/bcbs282.pdf

第 **4** 部

清 算 業 務

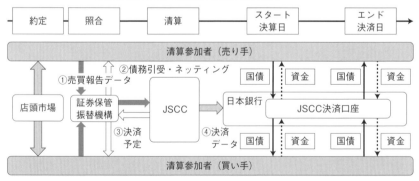

第10章　国債清算業務の仕組み

1. 国債の清算業務とは

(1) 国債清算業務の概要

　本章では、日本証券クリアリング機構が行っている日本国債を対象とした清算業務の詳細について紹介する。

　国債の取引（約定）は主に店頭市場において、金融機関同士によって行われている。取引後（ポストトレード）において、その取引の清算のためにJSCCが債務引受けを行う。

　JSCCでは、日本国債の売買とレポ取引（現先取引と現金担保付債券貸借取引）を債務引受けの対象としている。また、JSCCの利用にあたっては、財

図表4－10－1　JSCCにおける債務引受フロー
　　　　　　　　（現先取引と現金担保付債券貸借取引）

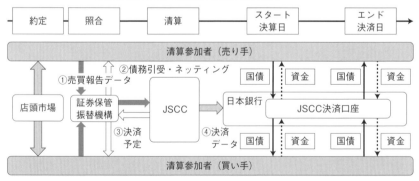

務基準や業務執行体制などを基準とする資格（清算資格）を得る必要がある。当該清算資格を有する金融機関等を清算参加者と称している。

　国債の取引から決済までの一連のフローをみていきたい。まず、清算参加者同士が店頭市場において、国債の売買またはレポ取引を約定させる。そして、その取引を債務引受けするために必要な情報が、清算参加者から証券保管振替機構の決済照合システムを経由してJSCCに送信される。

　JSCCは受け付けた取引について、特定の時限が到来した時点で債務引受けを行い、債務引受けを行った段階で、約定当事者同士のカウンターパーティーリスクがJSCCに移転される。それと同時に、取引のオブリゲーションネッティングが行われ、決済予定等のデータが作成される。

　債務引受けされた取引の決済に向けて、JSCCは決済予定等のデータを、証券保管振替機構の決済照合システムを経由して、清算参加者に通知する。そして、当該通知をもとに、JSCCと清算参加者は日本銀行に開設している口座において、日本銀行ネットワークシステムを通じて、国債と資金の同時受渡決済を行う。

(2)　債務引受対象の取引と国債

　JSCCが債務引受けの対象としている国債は、固定利付国債、変動利付国債、物価連動国債、国庫短期証券およびストリップス債である。そのような国債を対象とした売買とレポ取引の債務引受けを行っている。レポ取引は3種類に区分されるため、以下4種類の取引が清算の対象となる。また、個人向け国債については、債務引受けの対象としていない。

・売買
・現金担保付債券貸借取引
・銘柄先決め現先取引
・銘柄後決め現先取引

　「売買」とは文字どおり国債の売り買いを指す。

　これ以外の3つがレポ取引に該当する。まず、「現金担保付債券貸借取

引」とは、現金を担保とした債券の消費貸借契約に基づく取引となっている。当事者間において、債券の借り手は借入債券に対する貸借料を支払い、債券の貸し手（担保金の受け手）は担保金に対する金利を支払う。

　また、「銘柄先決め現先取引」とは、特定の債券を一定期間後に一定の価格で買い戻す、あるいは売り戻すことを条件に、売買する取引である。

　さらに、「銘柄後決め現先取引」は、個別銘柄を特定せずバスケット（複数の銘柄の集合体）単位で約定を行い、JSCCが債務引受けをした後に個別銘柄を割り当てる取引を指す。一定期間後における買戻し／売戻しを条件とする売買である点は、銘柄先決め現先取引と同様である。

　本章では、このうちの「売買」「現金担保付債券貸借取引」および「銘柄先決め現先取引」の３種類の取引をまとめて「個別銘柄取引」と呼ぶ[1]。

２．清算業務の全体像

　本節では、JSCCで行う清算業務について、照合から決済までの全体像を紹介する。

(1)　約定から債務引受けまで

　前節で述べたように、JSCCが債務引受けを行う対象の取引は、清算参加者同士が店頭市場において約定させている。約定した取引について、売り手と買い手それぞれが、定められたフォーマットに従い、ISIN銘柄コードや約定単価等の取引報告データを証券保管振替機構の決済照合システムに送付する。

　当該システムにおいて、売り手と買い手の売買報告データがマッチングしていることが確認され、JSCCは決済照合システムを通して、それらのデータを７時から21時までの間に受領している。

　受領した各データについて、特定の時限が到来した時点で、JSCCはそれ

1　債務引受けされた時点においてレポ取引のSC・GCの区別（第４章・第14章参照）は
　　銘柄が決まっているため、判明しない。

までの取引を一括で債務引受けしている。これによって、JSCCは債務引受けと同時に、それに対当する債権を取得することで、原約定の参加者との間で決済の当事者となっている。そして、この時限を債務引受時限としている。

　また、JSCCは債務引受けをした段階で清算参加者ごとに、売り買いのポジションで銘柄および決済日等を同一とする取引のネッティングを行い、決済リスクの削減を図っている。JSCCが債務引受けをすることで、清算参加者に決済不履行が生じても、他の清算参加者との決済の履行を保証し、各清算参加者における取引相手の信用リスクの軽減に寄与している。

　なお、決済照合システムから受領しているデータについて、債務引受けまでの間は債務認定というステータスとしている。債務認定された取引について、債務引受時限を迎えるまでに、当該取引にかかわる清算参加者の破綻または債務認定の取消要請等があった場合、JSCCは債務認定の取消しを行うことができる。

(2) DVP決済

　清算参加者は、原約定の相手方にかかわらず、ネッティング後の決済予定について、JSCCと決済を行う。決済は、日本銀行金融ネットワークシステム（日銀ネット）を利用したDVP決済によって行うことにより、元本リスクを排除している。DVPとはDelivery Versus Paymentの略であり、国債と資金の授受をリンクさせ、資金の支払が行われることを条件に国債の引渡しを行う。

　逆に、国債の引渡しが行われることを条件に資金の支払を行う[2]。この決済方法によって、JSCCは取りはぐれといった元本リスクが生じることを防止している。

　また、決済業務において、JSCCは先に国債の売り手の参加者（以下「渡方

<hr>

2　日本銀行のRTGSの機能「国債DVP同時担保受払」によるもの。

参加者」という）との決済を行い、次に国債の買い手の参加者（以下「受方参加者」という）との決済を行う。この順序で決済を行うのは、渡方参加者から受領した国債を受方参加者に渡すためである。決済全体の流れは上述のとおりであるものの、JSCCと渡方参加者およびJSCCと受方参加者それぞれの決済において、国債と資金の授受はDVPの機能を利用し、同時に行っている。JSCC内において、渡方参加者との取引（JSCCが国債を受領する取引）の決済時限をDVP1、受方参加者との取引（JSCCが国債を渡す取引）の決済時限をDVP2として区分している。

3．売買・現金担保付債券貸借取引・銘柄先決め現先取引に関する清算業務

　本節では、売買、現金担保付債券貸借取引および銘柄先決め現先取引を総称した個別銘柄取引について、債務引受けおよびDVP決済業務を紹介する。

　個別銘柄取引について、債務引受時限を1日1回18時30分に設けている。債務引受けした段階で行うネッティングについて、売買、現金担保付債券貸借取引および銘柄先決め現先取引は、もともと別種の取引であるものの、これらの取引をまたいで個別銘柄取引全体で、清算参加者ごと、銘柄ごとに行っている。JSCCは、ネッティング後に作成したDVP決済に関するデータ等を清算参加者に通知する。そして、当該データに沿って、清算参加者との間でDVP決済を行う。

　ネッティングの結果によるDVP決済は、データを通知した翌営業日の9時から開始し、14時まで行っている。国債の渡方参加者との決済時限（DVP1）を13時30分、国債の受方参加者との決済時限（DVP2）を14時としている[3]。

3　実態として、個別銘柄取引に係るDVP決済は、10時までに約9割が完了している。

4．銘柄後決め現先取引に関する清算業務

本節では銘柄後決め現先取引について債務引受けおよびDVP決済業務を紹介する。銘柄後決め現先取引は、約定日同日の決済を可能とするため、1日に3回の決済時間を設けるなど、個別銘柄取引と清算業務が異なっている。

銘柄後決め現先取引の場合、清算参加者は銘柄の集合体であるバスケット単位で取引を約定させる。そして債務引受時限は、1日に3回（7時、11時および14時）設けている（図表4－10－2）。

また、JSCCが債務引受けした段階で行うネッティングについて、清算参加者ごと、バスケットごとに行っている[4]。

ネッティング後に、JSCCはバスケットに対して個別銘柄を割り当て[5]、さらに個別銘柄単位でのネッティングも行っている[6]。

これらの処理を経て、バスケット単位での取引情報から、個別銘柄単位でのDVP決済に関するデータ等を作成している。

DVP決済は、データを通知した翌営業日の9時から開始している。ここで、銘柄後決め現先取引は、それぞれの債務引受時限に応じて、決済時限も

図表4－10－2　銘柄後決め現先取引の債務引受に関する時刻

銘柄後決め現先取引（債務引受時限）	対象となる売買報告データ
1回目（7：00）	前日14：00～21：00
2回目（11：00）	当日7：00～11：00
3回目（14：00）	当日11：00～14：00

4　バスケット単位でのネッティングを「バスケットネッティング」と呼ぶ。
5　渡方清算参加者から事前に通知された引渡可能な個別銘柄および数量の情報に基づき、銘柄を割り当てるスキームを用いている。これによって、銘柄後決め現先取引は同日中の決済が可能となっている。
6　銘柄後決め現先取引と個別銘柄取引は、決済予定が確定する時間が異なるため、決済準備の煩雑性からネッティングは行わないこととしている。

図表4−10−3　銘柄後決め現先取引の決済時限

銘柄後決め現先取引の対象	渡方参加者の決済時限 （DVP1）	受方参加者の決済時限 （DVP2）
1回目の銘柄割当て エンド／Unwind分	10：30	11：00
2回目の銘柄割当て	13：30	14：00
3回目の銘柄割当て	15：30	16：00

3回設けている[7]。1回目の決済は9時から11時、2回目は11時から14時、3回目は14時から16時に行っている。それぞれ3回の決済時限は、国債の受方参加者との決済時限（DVP2）を示している。また、国債の渡方参加者との決済時限（DVP1）は、個別銘柄取引と同様に、受方参加者との決済時限（DVP2）の30分前としている（図表4−10−3）。

　たとえば、10時に約定し売買報告データが送付された取引は、11時に債務引受けをされ、ネッティング等の処理を経た後、DVP決済に関するデータが清算参加者に通知される。そして、渡方清算参加者は13時30分まで、受方参加者は14時までに決済を行う。

5．フェイルについて

　前節までは、約定から決済までの清算業務のフローについて述べてきた。本節では、決済において生じえてしまうフェイルについて紹介する。

(1)　フェイルとは

　前述したように、JSCCは国債の渡方参加者から決済時限（DVP1）までに国債を受領し、国債の受方参加者に決済時限（DVP2）までに国債を引き

7　実態として、銘柄後決め現先取引は、1回目の債務引受時限の決済金額が最も大きい。これにより清算参加者のなかでは、前営業日の段階で翌営業日の決済内容を確定させておきたいというニーズが強いことがうかがえる。

渡している。ここで、渡方参加者が決済時限までにJSCCに国債を渡すことができない事象をフェイルとしている。

フェイルの主な発生要因として、金融機関は必ずしも事前に決済用の国債を保有しているわけではなく、当日にJSCC以外から受領する国債を用いて決済を行うことが多く想定される。そのようななかで、清算参加者が予定どおり国債を受領することができずに、JSCCに国債を渡すことができないことによる。そして、フェイル発生の起因となった参加者をフェイル渡方参加者、国債を受け取る予定であった参加者をフェイル受方参加者としている。なお、フェイルが発生した取引については、フェイルではない通常の取引とはネッティングせずに、翌営業日の決済時限までにあらためて決済を行う。銘柄後決め現先取引の場合は、翌営業日1回目の決済時限までに決済を行う。

また、フェイル発生時の対応として、一部の額面のみ決済を行う（分割決済という）場合もある。たとえば、Ａ社30億円・Ｂ社20億円の引渡し、Ｃ社50億円の受取りの場合にＡ社がフェイルしたときに、Ｃ社の決済予定を30億円と20億円に"分割"し、30億円分については被フェイルとなるものの、20億円の決済を完了させる。このように、フェイルが発生しても影響を低減させるような対応を行っている[8]。

(2) フェイルチャージについて

JSCCは、フェイル渡方参加者に対して課すフェイルチャージを規定している。フェイルチャージは、JSCCがフェイル渡方参加者から受け取り、フェ

---

8 ほかにも、連鎖フェイルの解消に向けたネッティングも設けている。連鎖フェイルとはフェイル発生の翌営業日以降、フェイル渡方参加者からの国債引渡しに連鎖して、発生するフェイルのことをいう。当該国債の受領を予定するフェイル受方参加者は、DVP1決済時限の直前にフェイルとなっていた銘柄を受け取った場合、連鎖する国債の引渡しが間に合わず、フェイルが発生することがある。連鎖フェイルの発生を抑止するため、JSCCはフェイル解消ネッティングを導入している。これは清算参加者が希望する場合、フェイル渡方参加者から受領する予定の国債と当日引渡し予定分をネッティングする。

イル受方参加者に対して支払うものである。フェイル渡方参加者に一定の経済的負担を課すことで、フェイル受方参加者に対する損失の補填や故意にフェイルを発生させないよう定めたものである。当該規定は、日本証券業協会の定める「フェイルチャージの実務に関する取扱指針」に準じており、フェイルチャージは次の計算式によって算出される。

計算式

$$\sum_{\text{フェイル期間}} \frac{1}{365} \times max（3\% - 参照レート, 0）\times 受渡金額$$

なお、参照レートは、日本銀行の金融市場調節の操作目標がマネタリーベースとされている間、ゼロ%としている。そのため、受渡金額の3%に1年間に対して、フェイルの発生日からフェイル解消日までの期間における日数（休日などを含む暦日）の割合を乗じた値がフェイルチャージとなる。

　市場慣行としてフェイルチャージが定められた背景には、フェイル慣行というものがある。これは、当初の決済予定日に国債の受渡しが行われなくても、その事実のみで債務不履行扱いとはせず、それを容認する市場慣行を指す。フェイルによって債務不履行の扱いとなれば、金融機関が国債の取引を控えてしまう可能性がある。そこで、フェイルの事実のみで債務不履行とはせず、フェイルチャージを設定することで、そのような市場の流動性に影響を与えることを抑制しつつ、フェイルの解消を促すことやフェイル受方参加者に生じる経済的デメリットを縮小させている。

(3)　決済時のループ発生とフェイルについて

　フェイルが発生する主な原因として、ループと呼ばれる現象がある。これは、同一の銘柄を対象として、輪のように複数の金融機関の受渡しが連鎖した決済予定が存在している事象をいう。当事者となっている金融機関が適切な順序で決済を行う必要がある。この事象は、JSCCを利用しない非清算参加者との取引等が要因となり発生する。清算参加者は当然、JSCCを利用しない非清算参加者とも取引を行っている。JSCCを利用する清算参加者同士

の取引は、売りと買いがネッティングされるものの、非清算参加者との取引はJSCC利用の取引とは別で決済を行うこととなるため、非清算参加者から国債を受け取ってJSCCに引き渡す場合や、JSCCから国債を受け取って非清算参加者に引き渡すような決済では、ループが発生する可能性がある。

　国債市場では手元にない国債の取引を行い、決済日当日に調達することが多いことや、直接取引を行う金融機関にしか決済状況を確認できないこと等も要因となり、ループの状態から決済が進まないケースも発生してしまう。JSCCは清算参加者と連絡をとり、決済を円滑に行うよう努めているものの、参加者が時限までに対象の銘柄を調達・決済の完了に至らずにループを起因としたフェイルが発生することがある。

6．FOS決済について

(1)　FOS決済とは

　これまでに紹介してきた国債のDVP決済に加えて、資金のみの決済を行うためFOS決済（Funds Only Settlement）を1日に2回設けている。

　対象となる資金とは、変動証拠金や受渡調整金などが該当する。変動証拠金は、国債の時価変動をカバーするものであり、受渡調整金は翌営業日が受渡日であるネッティングポジションについて、現在価値と約定価格との差額を算出したものである。ほかに、前節で紹介したフェイルチャージなどもFOS決済を用いて授受が行われる。

　FOS決済は、決済を行う各項目を合算して、JSCCに資金を支払う渡方と、JSCCから資金を受け取る受方に分けられる。清算参加者全体でみると、JSCCに支払う金額とJSCCから支払われる金額が一致する。

(2)　FOS決済に係るオペレーション

　FOS決済は、**図表4-10-4**のように、まず渡方参加者からJSCCへの支払の決済がなされ、次にJSCCから受方参加者への支払の決済がなされる。ま

図表4-10-4　FOS決済時限

FOS決済内容	FOS決済予定送信時刻	清算参加者の資金支払時刻	清算参加者の資金受取時刻
・個別銘柄取引に係る変動証拠金および受渡調整金等 ・銘柄後決め現先取引に係る変動証拠金等	前営業日の18：30～21：00	9：00～10：00	10：30～
・銘柄後決め現先取引に係る受渡調整金	当日の14：00以降	～15：30	16：00～

ず、個別銘柄取引に係る変動証拠金および受渡調整金等ならびに銘柄後決め現先取引に係る変動証拠金等のFOS決済は、18時30分から21時までの間にJSCCから清算参加者へ決済予定が送信される。

　その翌営業日において、清算参加者が資金の渡方であれば10時までにJSCCに対して資金を支払う。清算参加者が資金の受方であれば、JSCCから10時30分以降に資金が支払われる。また、銘柄後決め現先取引に係る受渡調整金については、14時以降に清算参加者に決済予定が送信される。この場合は同日において、清算参加者が資金の渡方であれば15時30分までにJSCCに対して資金の支払、資金の受方であれば、JSCCから16時以降に資金の支払が行われる。このように、JSCCは渡方参加者から資金を受領後、受方参加者に資金を支払うことで、リスクを軽減している。

7．まとめ

　本章では、JSCCの国債店頭取引清算部が行っている業務に焦点を当て、取り扱う国債、各取引のオペレーションおよびフェイルに関する内容を紹介した。

〈参考文献〉

佐々木隆雄／上野昂（2019）「国債・レポ取引の決済期間短縮と清算リスク管理」証券アナリストジャーナル2019年11月号

日本銀行webサイト

日本証券クリアリング機構webサイト

日本証券業協会「国債の即時グロス決済に関するガイドライン（平成28年3月9日版）」

日本証券業協会「フェイルチャージの実務に関する取扱指針」

第11章

国債清算機関のシステム

本章では、国債店頭取引の清算業務で利用しているシステムについて、その沿革をみていく。

1．第一次システム（2005－2011）

2005年5月の業務開始を目指し、2003年9月から国債清算業務を処理するシステムの開発が開始された。

これまでにない業務である国債の清算システムを構築するため、国債店頭取引に関する業務における有識者が必要なこと、債務引受けのデータについては、保振決済照合システムからデータを受信することから、保振決済照合システムを開発しているシステムベンダーが選定され、JGBCCとともに開発が進められることとなった。

前述の開発体制によりシステム開発は順調に推移し、2004年4月に清算参加者向け接続仕様を開示し、2004年11月、ベンダーによるシステム開発が完了、その後JGBCCによる業務を想定した動作確認である受入テストを実施、清算参加者や、売買報告データ受領元である保振決済照合システムや、決済システムである日銀ネットワークといった国債市場関係者全体の業務運用の確認テストである総合運転試験を経て、2005年5月、システムが稼働し、清算業務を開始した。

システム稼働当初から、STP化（Straight-Through Processing、人手を介さずに一連の作業をシームレスに行うこと）が図られており、保振決済照合システムからの売買報告データの受信、債務認定、債務引受け、ネッティング、国債DVP決済予定、FOS決済予定の作成と参加者への送信、日銀を経由し

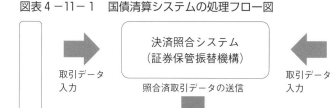

図表 4 –11– 1　国債清算システムの処理フロー図

たDVP決済といった処理は自動で行われるシステムとなっている。これにより、日々行われる国債の大量の取引について、円滑に清算・決済処理が行われるシステムが構築されている（図表 4 –11– 1 ）。

　システムは、東京都内のシステムセンターが地震等の災害で利用できない場合でも、北関東のバックアップサイトに設置されたバックアップシステムに切り替えることにより、業務継続が可能な構成として構築された。

　また、災害等により事務拠点である東京証券取引所ビルが利用できない場合を想定し、東京都内および北関東のシステムセンター内にセカンダリー、サードオフィスを構築した。

　第一次システムの稼働期間中には、統計等のこれまでPCソフト等により資料作成していた業務についてEUCシステムとして開発、整備が行われ、2010年に稼働している（図表 4 –11– 2 ）。

図表 4 −11− 2　国債清算システムのシステム構成図

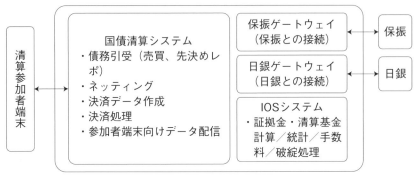

（注）　2021年 4 月現在。

2．第二次システム（2011−2015）

　一般的に、システムの耐用年数は利用開始後 5 年程度となっており、第一次システムの保守期限の到来を見据え、第二次システムの開発を2009年に開始している。

　第一次システムの安定した資産を有効活用するべく、ソフトウエアについては第一次システムのプログラムを継承し、ハードウエアの更改を中心とした方針となり、第一次システムと同様のベンダーにより開発が進められた。JGBCCによる受入テストに際して、体制強化を目的として、東京証券取引所のシステム子会社である株式会社東証システムサービスによる支援を受け、JGBCCによるテストが行われた。

　また、金融庁「清算・振替機関等向けの総合的な監督指針」にもあげられているシステム開発のリスク評価についても、第三者機関による評価が行われ、経営層に報告がされるなど、第一次システム開発時に比べてシステム開発体制の強化、リスク管理体制の強化が図られた。稼働直前の2011年 3 月には、東日本大震災が発生したが、大きな影響なく、2011年 5 月 2 日に稼働している。

　第二次システム稼働期間中には、2012年 4 月の国債決済のT + 2 化、2014

年6月の信託銀行参加対応、2014年10月のリスク管理高度化対応を行った。

3．第三次システム（2015－2022）

　第二次システムに続く第三次システムは、2015年稼働予定の新日銀ネット対応にあわせてリプレースするべく計画された。

　2013年10月の日本証券クリアリング機構との合併を見据え、株式、上場デリバティブ取引の清算システムとの共有化を図るべく、東京証券取引所によるシステム開発が行われた。

　具体的には、東京証券取引所がすでに他のシステム向けに整備していたシステムセンター、ネットワーク、バックアップオフィス、運用体制を共有化することで、コストを削減するとともに、体制強化が図られた。

　また、日本銀行に開設している当座預金口座、国債口座については、合併後も継続して日本証券クリアリング機構と日本国債清算機関の2つの口座を利用していたが、第三次システム稼働を機に日本証券クリアリング機構の口座に一本化すべく、株式や上場デリバティブ取引の清算を行う取引所取引清算システムと、国債清算システムとの間での共通の日銀ゲートウェイサーバーを構築し、共通の日銀口座を利用する電文について、国債清算、取引所取引清算、それぞれの業務に振り分ける対応を行った。

　振り分けに際しては、清算参加者が日銀ネットに入力する際の記事欄に、

図表4－11－3　日銀ゲートウェイサーバーの共有

どの清算業務に利用する電文かを識別できる区分を入力することとし、システムで振り分ける機能とした（図表4−11−3）。

4．決済期間短縮化（T＋1化）対応

決済期間短縮化（T＋1化）については、第三次システムをベースに構築することが予定されていたが、銘柄後決めレポ取引に係る開発が大規模となることが想定されたことから、第二次システムの稼働期間中である2014年から検討を開始している。

検討の結果、銘柄後決めレポ取引の導入に伴い、**図表4−11−4**のとおり清算、決済、リスク管理といったほぼ全業務に新規機能の追加や改修が必要となった。

図表4−11−4　決済期間短縮化に伴う主なシステム改修

機能	改修前	改修内容
清算業務	売買・銘柄先決めレポ取引の債務引受、ネッティング、決済予定の作成、配信	銘柄後決めレポ取引の債務引受、割当可能残高通知の受付、バスケットネッティング機能の追加、銘柄後決めレポ取引決済予定の作成、配信
決済業務	銘柄先決め取引の決済	銘柄後決め取引の決済機能追加
リスク管理業務	日次での当初証拠金算出	一日3回の証拠金算出 破綻時証拠金機能の追加 緊急証拠金機能の拡充
銘柄管理業務	国債個別銘柄の管理	国債バスケットの管理
端末	銘柄先決め取引の清算・決済情報の表示	銘柄後決めレポ取引に係る清算・決済情報画面の追加
性能・キャパシティ		銘柄後決めレポ取引追加に伴う増強
物価連動国債対応		物価連動国債の清算対象化に伴う、連動係数処理の追加

銘柄後決めレポ取引に必要なデータの授受については、先決め取引と同様、証券保管振替機構の決済照合システムを経由して授受することで、清算参加者のシステム開発負担を削減することとなった。

また、清算参加者からの要望により、当時発行額が増加していた物価連動国債についても清算対象とするべくシステム対応を行うこととしている。

決済期間短縮化対応については、これまでにない国債レポ取引の手法となることから、JSCCのみならず、国債の市場参加者全体でのシステム、運用の確認が必要なものであった。そこで、日本証券業協会の国債の決済期間の短縮化に関する検討ワーキング・グループ主導で、国債市場参加者全体による運用確認である総合運転試験（RT）が計画され、日本銀行、証券保管振替機構、JSCC、国債市場参加者が参加するストリートワイドテストが実施された。

この総合運転試験では、図表4−11−5のようにフェーズを3つに分けて、テスト対象範囲、参加者を徐々に拡大するという進め方がとられた。

図表4−11−5　総合運転試験の概要

フェーズ	テストの目的・内容	テスト参加者
1	JSCC（保振経由）の送受信確認テスト ・保振との新規・変更電文の送受信における電文のデータフォーマットの確認および業務機能の確認を実施。	後決めレポ用の運用指図データを利用する運用会社、JSCC清算参加者、JSCC、保振
2	日銀ネット連動の決済関連のテスト ・日銀ネットと連動し、新規・変更機能の確認を実施。	JSCC清算参加者、JSCC、保振、日銀
3	複数日にまたがる総合運転テスト（業務運用確認テスト） ・全体的な総合テストの位置づけとして、可能な限り決済期間短縮化後に想定される市場環境や取引に近いものとなるようにすることで、業務全般の確認を実施。	幅広い市場参加者、JSCC、保振、日銀

まずフェーズ１として、JSCCにおける銘柄後決めレポ取引を利用するフロント部門を中心として、約定から保振決済照合システムを通じた照合、その後のJSCCによる債務引受けから銘柄割当て、その後の決済予定の確認までを中心に行い、フェーズ２ではフェーズ１までの内容に加えて、日銀ネットまで加えた決済までの訓練、フェーズ３においては、複数日にまたがるテストとして、フェーズ１、２で参加していない国債市場参加者を加え、アウトライトや、従前のレポ取引といったＴ＋１化において変更となる事務運用全般の確認を行っている。

　本方式は、段階的にテスト参加者や確認対象を広げていくこととしたが、メリットとしては、新たな取引形態である銘柄後決めレポ取引の確認を、利用する市場参加者に限定して初期段階で確認することで、早期に使い勝手の確認や、各社における運用構築のための準備期間の確保が可能なこと、また、テストにおける不具合発生時にも、参加者を限定していることで、影響

図表４－11－６　銘柄後決めレポ取引の業務フロー

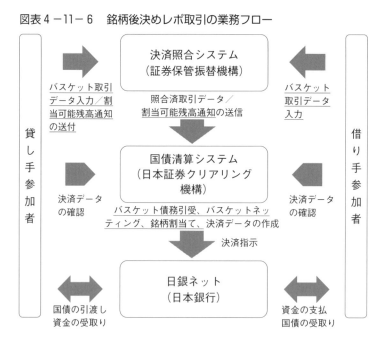

を極小化するといった効果があげられる。

　また、本総合運転試験は、注文を1カ所に集約する取引所取引とは異なり、市場参加者が各自で取引相手を見つけて日々取引を行っている店頭取引における確認試験方法の確立という意味でも意義のあるものであった。

　信託銀行を中心として、テストパターンの取りまとめが行われるとともに、決済期間短縮化ワーキングが主催となり、テスト時の取引相手の調整機会が設けられたことで、市場参加者がスムーズにテストに参加することができ、今後の国債店頭取引における市場全体のテストのモデルケースが確立された。

　その後、各インフラ機関によるシステムの稼働判定をふまえ、2018年5月1日、決済期間T＋1化が実現し、JSCCにおいても、銘柄後決めレポ取引のサービスを開始、物価連動国債の清算対象化が実現している（図表4－11－6）。

5．第四次システム（2022－）

　2020年現在、JSCCが利用している清算システムは、清算部門ごとに、取引所取引清算システム、OTCデリバティブ清算システム、そしてJGBCC時代から利用している国債清算システムと3つのシステムがあり、それぞれ独立して構築・運用されてきた。

　これまでの開発によって、システムセンター、ネットワーク、運用体制については共有化が図られたが、これをいっそう進める目的で、共通のシステム基盤を構築し、そのうえに各清算機能を構築する開発が進められている。2019年末時点で、取引所取引清算システムとOTCデリバティブ清算システムが共通基盤上で稼働しているが、国債清算システムについても、システムリプレースを機に共通基盤上に構築するべく開発が進められている。

　第四次システムでは、他の清算システムと共通のシングルサインオン機能や、債券先物取引における最終決済とのネッティング機能、日本取引所グループが構築している関西データセンターへのバックアップシステム構築が

予定されている[1]。

〈参考文献〉
日本証券業協会（2014）「国債取引の決済期間の短縮（T＋1）化に向けたグラン
　ドデザイン」

1　本第四次システムは2022年1月に予定どおり稼働した。

第12章 国債決済期間 T + 1 化対応

　本章では、国債の決済制度改革の総決算として進められた国債の決済期間短縮化（T + 1 化）の対応について詳細にみていく。

1. 国債決済期間 T + 1 化に向けた検討

　2008年9月15日に発生したリーマンショックにおいては、それまでの決済リスク削減の取組みとして進められてきた日銀ネットによるRTGS決済や、T + 3 ローリング決済化、清算機関によるネッティングによる決済量の削減およびリスク管理機能の整備により、円滑に破綻処理が進められ、一定程度の決済リスクが削減できることが確認された。

　一方、いくつかの課題も指摘されており、そのなかでも市場全体として取り組むべき課題として、決済リスク削減の方策として有効な国債決済期間の短縮化が指摘されている[1]。

　決済期間の短縮化については、2007年12月21日金融庁「金融・資本市場競争力強化プラン」においても、国際的な競争力強化の観点から検討を推進することとされており、リーマンショックを通じた破綻発生時の対応強化の観点からも、より市場関係者間の共通の課題であることが認識されることとなった。

　これを受け、2009年9月、証券受渡・決済制度改革懇談会および証券決済制度改革推進会議により、「国債の決済期間の短縮化に関する検討ワーキング・グループ」が設立され、決済期間の短縮化について市場関係者間でさま

1　日本銀行（2009）を参照。

ざまな課題の整理・検討が進められる体制が整備された。

　ワーキング・グループのメンバーとして、国内、外資系証券会社、メガバンク、信託銀行、投信会社、生命保険会社、短資会社、証券インフラ機関といった幅広い国債市場参加者により構成されるほか、オブザーバーとして金融庁、国債の発行体としての財務省、決済機関としての日銀といった機関も参加し、日本証券業協会が事務局となっている。

　具体的な検討を進めるにあたり、当時のＴ＋３決済から、Ｔ＋２決済を経てからＴ＋１決済に移行するアプローチを含め幅広に検討すること、取引局面での主体である各社のフロント部門、ポジション管理、決済業務の主体であるミドル・バック部門に分かれて検討作業を行うこととされ、必要に応じて短期金融市場取引活性化研究会（短取研）、債券現先取引等研究会（レポ研）とも情報共有および意見交換等を図ることとされた。

　その後、ワーキング・グループによる検討が進められ、2010年12月に中間報告がなされている。そのなかでは、実務的なフィージビリティが確認されたＴ＋２化を2012年前半に実施すること、Ｔ＋２化に向けて決済照合システムの利用促進を進めること、Ｔ＋１化については引き続き実現に向けて検討を行うこととされた。

　2011年11月には、ワーキング・グループにより最終報告書が取りまとめられている。中間報告書であげられたＴ＋１化の課題については、特にGCレポ（Ｔ＋０）取引について、当日中の約定、照合、決済まで完了させる必要があることから、円滑な運用が可能な制度設計が必要であり、市場参加者の個別のSTP化等の対応、取引コストの削減を可能とする枠組みの整備も進めるべきであること等、複合的な取組みが必要であることが明らかとなり、引き続き市場関係者間で検討を継続することとなった。

　最終報告書では、Ｔ＋１化に向けた基本的な考え方が述べられており、ここでは、アウトライト、SCレポについてはGCレポＴ＋１化と同様の枠組みで検討を進めること、その際にはアウトライトＴ＋１化においてはじめてＴ＋１決済が必要となる市場参加者も相応に存在することに留意し、2012年4

月のＴ＋２化実施後の状況をふまえて検討することとしている。

　より課題の多いと想定されるGCレポのＴ＋０化については、担保後決め方式によるGCレポスキームが提示された。

　その後も国債決済期間Ｔ＋１化の検討は進められ、2012年４月23日の国債決済期間Ｔ＋２化実施を経て、2014年11月26日、「国債取引の決済期間の短縮（Ｔ＋１）化に向けたグランドデザイン」が取りまとめられた。

２．国債取引の決済期間の短縮（Ｔ＋１）化に向けたグランドデザイン

　「国債取引の決済期間の短縮（Ｔ＋１）化に向けたグランドデザイン」（以下「本グランドデザイン」という）は、ワーキング・グループにより取りまとめられた国債決済Ｔ＋１化の対応方針等の全体像となっている。

　本グランドデザインには、決済リスク削減、国債市場・短期金融市場の流動性・安定性・効率性の向上、国際的な市場間競争力の維持・強化といった決済期間短縮の意義、目的があげられ、対応イメージとして、①幅広い参加者の対応による業務のSTP化や、CCPの利用促進によるアウトライト取引およびSCレポ取引のＴ＋１化、②GCレポ取引を迅速かつ効率的に行うための市場インフラ整備によるGCレポ取引のＴ＋０化を提示している。

　また、国債市場の国際競争力強化に資するよう、グローバルスタンダードに沿った取引体制の整備として、日本版レポ取引（現金担保付債券貸借取引）にかわり、海外およびクロスボーダーのレポ取引形式である新現先取引の普及に向け、銘柄後決め方式のGCレポ取引は新現先方式を採用することとし、必要な契約の整備とともに、委託者等の理解・承諾を得ていくこと、SCレポ等その他のレポ取引についても、新現先方式に移行できるよう、移行方法やタイミングについて検討を行うこととされた。

　本グランドデザインは、決済期間短縮による決済リスク削減という当初の目的の達成に向けて、銘柄後決め現先取引の導入による流動性・安定性・効率性を向上させ、現先取引の標準化によるグローバルスタンダード準拠とい

う国際化を定着させるという国債市場関係者のより高い理念が示されたものとして非常に意義のあるものとなった。

　また、本ワーキング・グループとして、国債市場の将来像、あるべき姿を公に本グランドデザインとして提示することで、市場インフラと直接の市場参加者のみならず、委託者として参加している投資家に対しても理念や意義、方向性を提示することでより実現性の高いものとなっている。

　さらに、国債市場の関係者は金融機関を中心に前述のとおり多岐にわたっており、それぞれの社内システムとの連携等、各社各様の社内プロセスが構築されている。本グランドデザインは、ともすれば「各社の都合」ですまされがちな各社の社内プロセスまで踏み込み、事務処理の類型を提示、それらの改善のポイントを提示するなど、各社の決済期間Ｔ＋１化への対応のサポートも行われている（図表４−12−１）。

図表４−12−１　国債取引の決済期間の短縮（Ｔ＋１）化に向けた
　　　　　　　　グランドデザインについて

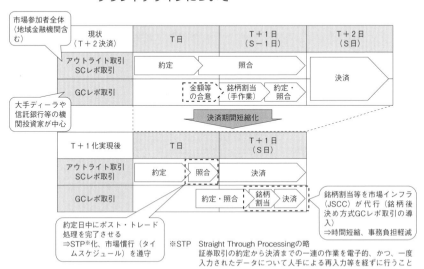

（出所）　日本証券業協会（2014）「国債取引の決済期間の短縮（Ｔ＋１）化に向けたグランドデザインについて」から転載

3．日本証券クリアリング機構の取組み

国債の決済期間の短縮化に関する検討ワーキング・グループには設立当初から参加し、銘柄後決め現先取引の検討を行っている。これまでの、銘柄単位での債務引受け、ネッティング、決済とは異なり、新たな概念となるバスケットの仕組みの導入、バスケットネッティングから銘柄割当ロジックの構築、参加者としてより利便性の高い決済方式を構築するべく検討を行っている。

国債取引の決済期間の短縮（T＋1）化に向けたグランドデザイン公表同日の2014年11月26日、「銘柄後決めレポ取引の清算業務に係る制度要綱について」として、JSCCにおいて銘柄後決めレポ（現先）取引を取り扱うこととした場合に想定される制度要綱を公表した。当時の制度要綱は、JSCCの決済期間短縮化対応の全体像ではなく、銘柄後決めレポ取引の制度の概要にフォーカスして提示されており、各市場参加者が本制度要綱をベースにその後の検討を進めることを前提としたものとなっている。また、JSCCとしても、その後の市場参加者を交えた検討の場を通じた制度・実務の詳細、当社が提供する銘柄後決めレポ取引に係るサービスの利用、決済期間短縮化の実施時期に関して市場参加者その他の関係者間で合意が図られた後に、銘柄後決めレポ取引の取扱いの経営判断を行うこととされており、導入を前提とした制度要綱とは異なる側面をもっていた。

その後、市場参加者との検討をふまえ、2015年5月27日、「国債取引の決済期間の短縮化に伴う国債店頭取引清算業務に係る制度要綱」として、銘柄後決めレポ取引を含む決済期間T＋1化に伴う制度要綱の全体像を公表、パブリックコメントの手続を行っている。

さらに、その後の検討状況および物価連動国債の清算対象化を含めた内容の制度要綱を取りまとめ、2017年6月21日に公表した。

4．JSCC決済期間短縮化（T＋1化）制度の概要

ここでは、JSCCにおける国債の決済期間短縮化（T＋1化）における国債清算制度の変更点についてみていく。

(1) 銘柄後決めレポ取引の導入

本グランドデザインにて導入することとされた、銘柄後決めレポ取引について導入することとされ、国債バスケットを指定した取引を新たに債務引受対象とし、対象銘柄の割当てをJSCCが行うこと、1日3回の債務引受時限の設定、渡方参加者からの割当可能残高の通知、T＋0決済が可能な制度を整備している（詳細は第13章）。

(2) 物価連動国債の清算対象化

決済期間短縮化を機に、JSCCでは物価連動国債を新たに清算対象に加えている。これは、2015年、清算参加者からの要望により検討を行い、制度整備を行ったものである。

物価連動国債は、大きく分けて2つの商品性をもった債券が発行されている。2008年度までに発行された第16回債までのものは、償還時の元本保証がなく、2013年度以降に発行が再開された第17回債以降のものは元本保証がついており、異なる商品性となっていること、決済期間短縮化と同時（検討時においては2018年度上期をメド）に取り扱うとした場合には、第16回債以前のものは間もなく償還となることが見込まれることから、第17回債以降のみ取り扱うこととされた。

また、元本額が物価の動向に連動して増減する他の国債と異なる商品性を考慮し、連動係数を加味して、DVP決済金額、期中利金、変動証拠金等の各種金額の計算を行うこととされた。ただし、連動係数が数カ月先までしか設定されていないことから、エンド決済日における連動係数は未確定であっても債務引受けを可能としている。また、清算対象化と同時に、当初証拠金

や清算基金の代用国債証券としての預託も可能としている。その際の時価評価についても、連動係数を考慮した想定元金額を用いることとされた。

物価連動国債の清算対象化については、相応のシステム開発が必要となることから、債務引受けや代用国債証券として利用するための手数料を設定し、受益者負担の枠組みを整備している。

(3) その他の対応

▌1 レギュラー受渡日基準の変更

国債の時価評価等に利用する「レギュラー受渡日」の基準を国債決済期間T＋1化にあわせてT＋1に変更している。

▌2 ネッティング口座の種類の見直し

既存の当初証拠金の算出方式は、過去120営業日間に算出された当初証拠金所要額の平均値を採用することで、未預託リスクを減少させ、証拠金に一定の厚みをもたらす方式となっていた。ただし、レポ取引に限定した口座については、足元のポジションに基づいた証拠金算出で足りることから、新たにネッティング口座に通常口座、レポ専用口座、後決めレポ専用口座の3種類を設定することとした（図表4－12－2）。

▌3 当初証拠金等の見直し

銘柄後決めレポ取引導入に伴い、日中の債務引受けが発生することから、算出回数を1日1回から3回に変更し、上記ネッティング口座の種類ごとの当初証拠金算出方式を採用することとした。また、FMI原則の追加ガイダン

図表4－12－2　ネッティング口座種類の新設

ネッティング口座種類	債務引受が可能な取引
通常口座	すべての清算対象取引
レポ専用口座	銘柄先決めレポ取引（エンドのみ引受けを除く）および銘柄後決めレポ取引
後決めレポ専用口座	銘柄後決めレポ取引

スにおいて、事前拠出型財務資源の不足が発生した場合にすみやかに回復する手段の整備についても言及されており、その対応として、清算基金所要額の算出について、これまでの週次から日次に変更することとした。

4　破綻処理スキームの見直し

銘柄後決めレポ取引の導入に伴い、バスケットオークションを新設し、バスケット銘柄のポジション処分を可能なスキームとし、破綻処理の結果発生する取引に係る変動証拠金や残高管理手数料、銘柄割当てに係る手数料およびDVP決済手数料の算出対象とした。

5　義務付け調達の見直し

銘柄後決めレポ取引の導入に伴い、日中における債務引受けを行い、未決済残高が増加することとなるため、参加者破綻時およびDVP２決済不履行時におけるJSCCの資金調達手段である義務付け調達取引について、複数回の発動基準を設定することとした。

6　レポ取引に係る取引種類の見直し

破綻処理入札や、義務付け調達の結果生じるJSCCと清算参加者間のレポ取引について、業界全体で進められている現先取引への移行に倣い、現金担保付債券貸借取引から、現先取引に変更することとし、清算参加者との間で現先取引に関する基本契約を締結した。

7　手数料の見直し

銘柄後決めレポ取引の導入に伴い、銘柄割当手数料を新設し、手数料の限度額（月額500万円）を廃止するとともに、各種手数料について、取引量に応じて手数料率を逓減させる料率を導入した。また、物価連動国債を取り扱うための手数料体系も新設している。

〈参考文献〉

日本銀行（2009）「リーマン・ブラザーズ証券の破綻がわが国決済システムにもたらした教訓」

日本証券業協会（2014）「国債取引の決済期間の短縮（Ｔ＋１）化に向けたグラン

ドデザイン」

日本証券クリアリング機構（2015）「国債取引の決済期間の短縮化に伴う国債店頭取引清算業務に係る制度要綱」

日本証券クリアリング機構（2017）「国債取引の決済期間の短縮化及び物価連動国債の清算対象化に伴う国債店頭取引清算業務に係る制度要綱」

第13章 銘柄後決めレポ取引の仕組み

本章では、国債決済期間短縮化（T＋1化）に伴い導入された、銘柄後決めレポ取引の仕組みについて解説する。

1．GCレポ取引における決済のT＋0化

決済期間短縮化以前、GCレポ取引については、取引当事者間で担保国債の銘柄を決め、約定照合を行っていた。まず、取引当事者間でレポ取引金額、レポレートを決定し、その後、国債の渡し方（資金調達側）により、担保国債の特定、相手方への連絡を経て、約定が成立する。渡し方による担保国債の特定については、その時点での国債の残高や、当日の受領予定の国債の受渡状況等をふまえるとともに、さらには銘柄の選定や各国債の受渡額面の特定、評価時価総額とレポ金額の調整等、各社のシステム化により省力化されているところもあるが、多くのプロセスを経て決定されている。

決済期間短縮化以前は、売買、SCレポ取引はT＋2で決済、GCレポ取引はT＋1で決済されていた。これは、まず売買により特定の銘柄の取引がなされ、SCレポ取引によりその銘柄のショートカバー等、特定銘柄のニーズに伴うレポ取引が行われる。その後、手元に残った資金、国債の運用であるGCレポ取引により、各市場参加者間の運用が行われている。このため、売買、SCレポ取引より約定から決済までの期間が1日少ない運用が整備される必要があることになる。

決済期間のT＋2化までは、GCレポ取引についてはT＋1決済であり、翌日の決済までに約定条件を確定することで可能であったが、T＋1化に際しては、GCレポ取引のT＋0決済、すなわち約定当日の決済を行う必要が

あり、既存の約定実務、取引環境については大幅な変更が必要であり、市場インフラについても整備が必要とされた。

Ｔ＋０決済を可能とするGCレポ取引の整備のため、銘柄後決めレポ取引が導入されることとなり、国債の清算期間である日本証券クリアリング機構が制度およびシステムの整備を行った。

２．銘柄後決めレポ取引の概要

従来のGCレポ取引については、①取引当事者間での取引金額、レポレート、取引期間、決済日の決定、②渡し方による受渡銘柄の特定、③約定照合処理およびJSCCへの債務引受申込み、④JSCCによる債務引受けと他の取引とのネッティング、⑤翌日の決済という流れで行われているが、後決めレポ取引については、主に②および③に係る事務負担の軽減という観点から整備が行われ、①取引当事者間でのバスケットの種類、取引金額、レポレート、取引期間、決済日の決定、②約定照合処理およびJSCCへの債務引受申込み、③渡し方による割当可能残高通知の作成、送信、④（翌日もしくは同日）他の取引とのネッティングおよび決済が行われる。

以下では、日本証券クリアリング機構における銘柄後決めレポ取引導入に係る制度要綱に沿って、制度の仕組みを開設する。

３．清算対象取引　国債バスケットについて

銘柄後決めレポ取引は、先に述べたとおり、バスケットという概念で取引を行う。バスケットとは、一定の特徴をもった国債銘柄のグループを示しており、図表４−13−１の６種類を定義している。

銘柄後決めレポ取引の当事者は、この６種類の範囲のどの国債銘柄群を対象にGCレポ取引を行うか合意する。

それにより、当該バスケットで指定された銘柄の範囲で担保国債の受渡しが行われる。国債バスケット（国庫短期証券）は、国庫短期証券に限定したもの、国債バスケット（利付残存10年以下・国庫短期証券）であれば、国庫短

図表4-13-1 国債バスケット銘柄一覧

銘柄コード	銘柄名称	銘柄略称	対象となる国債名称／残存年限条件
JP1991019009 01010099	国債バスケット （国庫短期証券）	国債バスケット （TDB） JGBB-TDB	国庫短期証券
JP1991039007 01030099	国債バスケット （利付残存10年 以下・国庫短期 証券）	国債バスケット （10年以下） JGBB-U10	利付国庫債券（2年）（5年） （10年） （20年）／残存10年以下 （30年）／残存10年以下 （40年）／残存10年以下 国庫短期証券
JP1991059005 01050099	国債バスケット （利付・国庫短 期証券）	国債バスケット （利付・TDB） JGBB-Fixed	利付国庫債券（2年）（5年） （10年）（20年）（30年）（40年） 国庫短期証券
JP1991079003 01070099	国債バスケット （変動利付・利 付・国庫短期証 券）	国債バスケット （物国以外） JGBB-Large	利付国庫債券（変動・15年） 利付国庫債券（2年）（5年） （10年）（20年）（30年）（40年） 国庫短期証券
JP1991099001 01090099	国債バスケット （物価連動・変 動利付・利付・ 国庫短期証券）	国債バスケット （すべて） JGBB-All	物価連動国債（10年） 利付国庫債券（変動・15年） 利付国庫債券（2年）（5年） （10年）（20年）（30年）（40年） 国庫短期証券
JP1992019008 02010099	国債バスケット （分離元本・分 離利息）	国債バスケット （Strips） JGBB-Strips	分離元本振替国債、分離利息 振替国債

期証券に加え、残存年限が10年以下の利付国債も対象となる。これにより、これまで個別銘柄ごとに担保国債の特定を取引当事者間で行われていたものが、担保国債としての条件（国債の種類および残存年限条件）のみの合意ですみ、省力化が図られることとなっている。

図表4－13－2　2015年当時想定されていたバスケット一覧

銘柄名称	対象となる国債名称／残存年限条件
国債バスケット（利付国債残存10年以下・国庫短期証券）	利付国庫債券（2年）（5年）（10年）（20年）／残存10年以下 （30年）／残存10年以下 （40年）／残存10年以下 国庫短期証券
国債バスケット（利付国債・国庫短期証券）	利付国庫債券（2年）（5年）（10年）（20年）（30年）（40年） 国庫短期証券
国債バスケット（利付国債・変動利付国債・国庫短期証券）	利付国庫債券（変動・15年） 利付国庫債券（2年）（5年）（10年）（20年）（30年）（40年） 国庫短期証券
国債バスケット（分離元本振替国債・分離利息振替国債）	分離元本振替国債、分離利息振替国債

　また、2015年5月の当初の制度要綱においては、**図表4－13－2**のとおり4種類のバスケットが想定されていた。その後、日本証券クリアリング機構における清算参加者および後決めレポ取引の利用が想定される市場参加者との検討の結果、さらに対象国債の範囲を国庫短期証券に限定したバスケットおよび決済期間短縮化と同時に清算対象となる物価連動国債を含んだバスケットがつくられることとなった。

　物価連動国債のバスケットの取扱いについては、当該国債のみのバスケットを組成するという案も検討されたが、流通量の少ない物価連動国債のみのバスケットの使い勝手の観点から、利付国債等のバスケットに物価連動国債を加えるかたちで新たにバスケットを組成することとした。

　バスケットの設定条件としては、国債の種類のほか、残存年限の条件を設定することが可能となっており、現在は国債バスケット（利付国債残存10年以下・国庫短期証券）に10年以下の条件が付されており、国庫短期証券を含

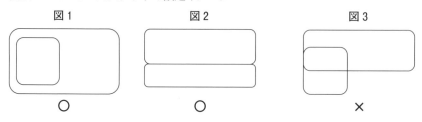

図表 4 －13－ 3　バスケットの設定イメージ

めてすべての銘柄の残存年限が10年以下に限定したバスケットの取引が可能となっている。

　また、設定されたバスケットに応じてその後実際に担保国債として銘柄が割り当てられることとなる。この際、利用銘柄の優先順位を明確化するため、包含関係となるバスケット（図表 4 －13－ 3 の図 1 のように内側に限定された銘柄から優先的に割当て）や、重なり合いのないバスケット（図表 4 －13－ 3 の図 2 のようにそれぞれ異なる銘柄が割り当てられる）の設定は可能であるが、一部のみが重なり合うバスケットを設定した場合（図表 4 －13－ 3 の図 3 ）、重なり合う部分について、割り当てられるバスケットの優先順位が不明確となるため、設定しないこととした。

　また、バスケットの設定内容については、年に 1 回見直しの検討を行うこととされているほか、大きな市場環境の変化や国債の種別の新設などの事象が生じた場合には、臨時に見直しの検討を行うこととなっている。

　後決めレポ取引の開始に際しては、有価証券等清算取次における委託の際の特定事項に関し、銘柄後決め方式に対応するため、2018年 4 月 1 日、金融商品取引法 2 条に規定する定義に関する内閣府令の改正が行われた。

4 ．銘柄後決めレポ取引の成立

　銘柄後決めレポ取引は日本証券クリアリング機構における債務引受け、銘柄割当てが前提となっており、主に清算参加者間で取引が行われる。レポ取引の契約形態としては、現金担保付債券貸借取引（日本版レポ）と、現先取

引の２つの形式があるが、銘柄後決めレポ取引は現先取引への移行を進める目的から、グローバルスタンダードである現先契約での取引のみが整備されている。

取引当事者間において、バスケットの種類、取引金額、レポレート、スタート決済日、エンド決済日を決定し、証券保管振替機構の決済照合システムにおいて照合を行う。

日本証券クリアリング機構における債務引受けの条件として、約定日当日14時までに受け付けた取引は当日スタートの取引、約定日14時以降に受け付けた取引は翌日スタートの取引であることとされている。

また、エンド決済日が約定日の１年後の応当日以前に設定されていること、スタート受渡金額が1,000万円の整数倍、スタート決済金額およびエンド決済金額が10兆円未満であること、利含み現先取引、リプライシングを行わない取引、ヘアカットなしの取引、信託勘定を当事者とする取引とする場合はファンドコードが特定されていることとなっている。

当初、2015年の制度要綱では、決済金額は先決めレポ取引と同様に１兆円未満が条件とされていたが、レポ取引総額で取引が成立、照合し、銘柄を後から決定するという特性上、決済金額が１兆円を超える取引も想定されるとのことから、10兆円に引き上げられることとなった。

5．債務引受け

⑴　債務引受けの申込み

清算参加者は取引成立後、証券保管振替機構の決済照合システムにより取引内容の照合を行う。その際、清算機関利用とすることで、照合後、決済照合システムから日本証券クリアリング機構に対して債務引受けの申込みがなされる。その際、ａ～ｈの事項を内容として債務引受けの申込みを行うこととなっている。

ａ　渡方清算参加者および受方清算参加者の名称

b 渡方清算参加者および受方清算参加者のネッティング口座

c 対象取引に係るファンドコード（信託口であるネッティング口座に係る取引の場合）

d 約定日

e バスケット

f スタート受渡金額およびエンド受渡金額

g スタート決済日およびエンド決済日

h 有価証券等清算取次ぎである場合はその旨

(2) 日本証券クリアリング機構による債務引受け

日本証券クリアリング機構では、以下3つの時間帯の参加者からの債務引受申込みに対して、3つの時刻で債務引受けを行う。

1回目……前日午後2時〜前日午後9時　債務引受けは当日午前7時

2回目……当日午前7時〜当日午前11時　債務引受けは当日午前11時

3回目……当日午前11時〜当日午後2時　債務引受けは当日午後2時

それぞれの時間帯における債務引受けは、以下の使い分けを想定して設定されている。

1回目……前日約定分（T＋1決済）の債務引受けおよびロールによるレポ取引の継続

2回目……T＋0決済レポ取引

3回目……当日2回目および先決め取引決済を見据えた最終のT＋0決済のレポ取引

また、債務引受けに際して、規則上、次の①〜⑤の債務として引受けを行っている。

① スタート債務……スタート決済日におけるスタート受渡金額の支払債務および割当国債の引渡債務

② エンド債務……エンド決済日におけるエンド受渡金額の支払債務および割当国債の引渡債務

③　Unwind債務……スタート決済日の翌日からエンド決済日の前日までの各日において渡方清算参加者が受方清算参加者に対しスタート受渡金額相当額の金銭を支払う債務および受方清算参加者が渡方清算参加者に対し割当国債を引き渡す債務

④　Rewind債務……スタート決済日の翌日からエンド決済日の前日までの各日において受方清算参加者が渡方清算参加者に対しスタート受渡金額相当額の金銭を支払う債務および渡方清算参加者が受方清算参加者に対し割当国債を引き渡す債務

⑤　受方清算参加者が渡方清算参加者に対して負担するスタート決済日の翌日からエンド決済日までの間に到来する割当国債の利払期日における割当国債に係る利金相当額の支払債務

　レポ取引の通常の受渡しとしては、①スタート債務および②エンド債務により一連のレポ取引が可能となるが、後決めレポ取引制度の整備に際して、③Unwind債務、④Rewind債務というスキームが導入された。

　これまでのGCレポ取引のターム取引においては、債券の渡し方（資金調達サイド）がターム期間中に担保銘柄の入替えを行うサブスティテューションの仕組みが用意されている。また、サブスティテューションが行えない場合には、日々オーバーナイトでの約定を繰り返し（ロール取引）、つど必要な銘柄は手元に残し、担保として利用可能な銘柄を指定することで、銘柄の入替えを実現している。

　事務の効率化を主眼として導入された後決めレポ取引においては、銘柄の入替えについても省力化を図るという考えから、スタート日の翌日からエンド日の前日までの毎日、前日に引き渡した債券を便宜上返戻し、当日の渡方の利用可能債券のなかから個別銘柄を再割当てし、再割当後の債券を引き渡すというサイクルをエンド日の前日まで継続する仕組みを採用した。この際、当日に利用可能な債券については、割当可能残高リストに指定された銘柄を再割当てすることで、除外された銘柄については債券の渡し方に戻る決済がなされ、新たに追加された銘柄をあらためて受け方に渡す決済を行うこ

とで、銘柄入替えを実現するスキームとした。これにより、渡方参加者は、日々担保として提供可能な銘柄を指定することで、自動的に受渡しに必要な決済予定がJSCCによって決定されることとなった。

6．バスケットネッティング

　銘柄後決めレポ取引に係る債務引受けが行われるつど、スタート債務およびRewind債務と、エンド債務およびUnwind債務ごとに、バスケットおよび決済日が同じ債務について、それぞれネッティングを行う。

7．割当可能残高通知の提出

　清算参加者は、債務引受時限までに、JSCCに対して、次回の銘柄割当てで利用可能な割当対象銘柄と、その数量を通知する。

　その際、担保債券として利用中であるが、引き戻したい銘柄については、通知から除外、もしくは数量を減少させることで、次回の決済時に受取りが可能となっている。

　また、売り手として取引していた場合でも、バスケットネッティングの結果ポジションがゼロまたは買いポジションとなる場合には、提出する必要はない。

8．銘柄割当て

　銘柄の割当ての前に、バスケットポジションごとに、渡方清算参加者および受方清算参加者の受渡金額が一致するように渡方清算参加者と受方清算参加者を組み合わせる処理を行う。

　債務引受け1回目については、エンド／Unwindに伴う決済となるため、まず前日の銘柄割当てによって決められた組合せについては引き継ぎ（優先組合せ）、その後に残る部分についてランダムに組合せを行う（図表4－13－4）。

　新規のレポ取引となる2回目・3回目の債務引受けおよび1回目の優先組

図表４－13－４　銘柄割当てのための渡方と受方の組合せ処理イメージ①

優先組合せ処理イメージ（１回目の銘柄割当て）

【前日の銘柄割当てに係る組合せ】

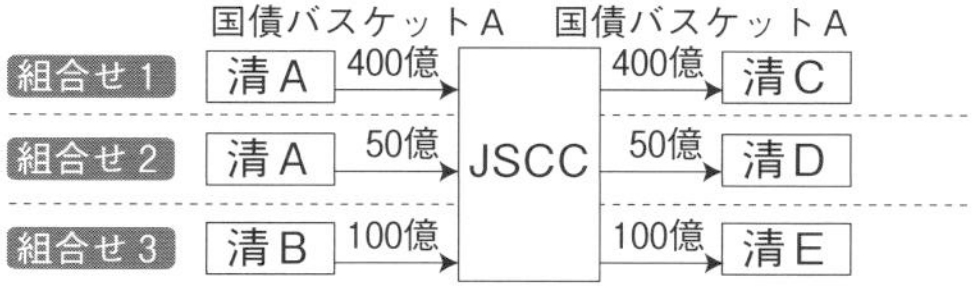

① 当日のバスケットネッティング結果

バスケットネッティングの結果、スタート、Rewind債務について清算参加者A、B、Fが国債（国債バスケットA）の渡方、清算参加者C～E、Gが受方となったと仮定（受渡金額はそれぞれ以下のとおり）。

② 前日の組合せを優先して組合せ処理

前日の銘柄割当てのための組合せの相手と優先的に組合せる組合せを設定する。その際、渡方と受方の受渡金額が異なる場合に、いずれか小さい金額を当該組合せの受渡金額とする（以下の枠内の処理）。

③ ②の残部分に係るランダム組合せ処理

②の処理で組合せが未決定となる部分について「2. ランダム組合せ処理（図表４－13－５参照）」に基づきランダムに組合せを決定する（以下の枠内の処理）。

※清A～清G：清算参加者
※資金の流れの記載は省略

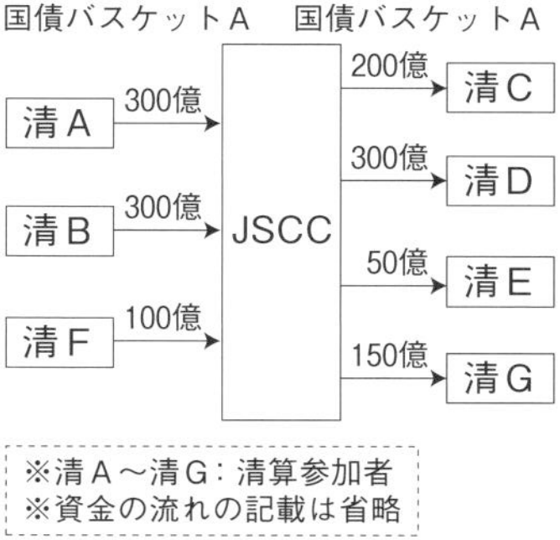

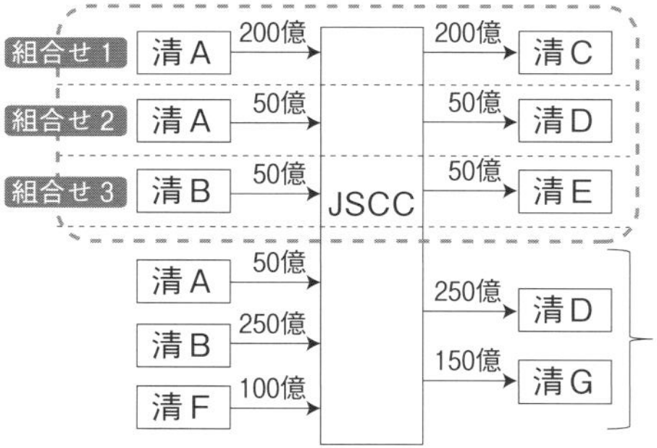

（出所）「国債取引の決済期間の短縮化及び物価連動国債の清算対象化に伴う国債店頭取引清算業務に係る制度要綱」（2018年１月29日改訂）別添１ 銘柄割当てのための渡方と受方の組合せ処理イメージ１ １ページ目

図表4－13－5　銘柄割当てのための渡方と受方の組合せ処理イメージ②

ランダム組合せ処理イメージ

① バスケットネッティング結果
バスケットネッティングの結果、スタート・Rewind債務について清算参加者1～4が国債（国債バスケットA）の渡方、清算参加者5～9が受方となったと仮定（受渡金額はそれぞれ以下のとおり）。

② 受方清算参加者をランダムに並び替え
受方清算参加者をランダムに並び替える。

③ 銘柄割当てのための組合せを決定
渡方清算参加者と受方清算参加者を組み合わせる処理を行う。その際、必要に応じてポジションを分割する。
以下の例では、組合せ1～7が決定される。

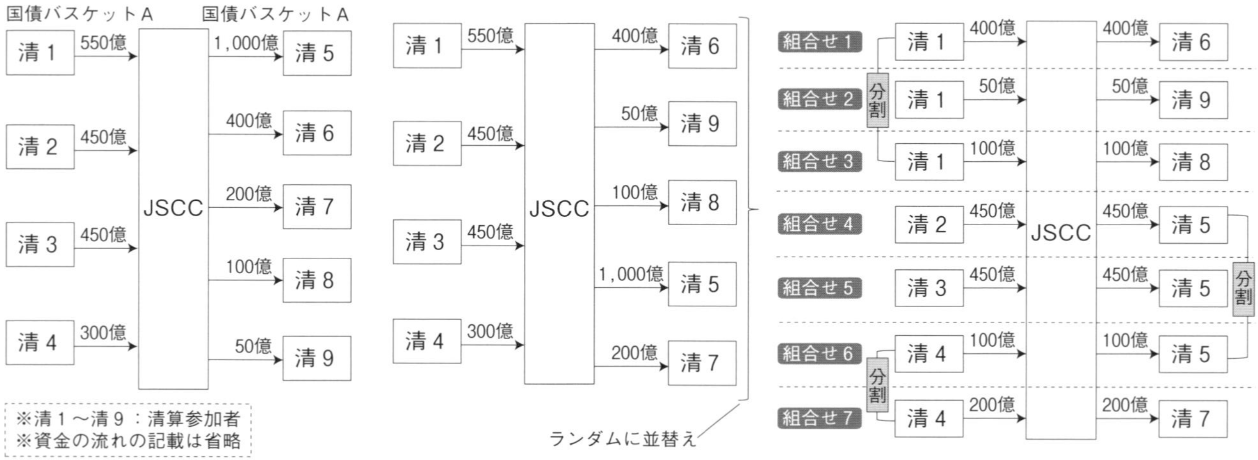

※清1～清9：清算参加者
※資金の流れの記載は省略

(出所)「国債取引の決済期間の短縮化及び物価連動国債の清算対象化に伴う国債店頭取引清算業務に係る制度要綱」(2018年1月29日改訂)　別添1　銘柄割当てのための渡方と受方の組合せ処理イメージ　2ページ目

合せを除く部分では、バスケットネッティング結果により、受方参加者をランダムに組み合わせ、その後ネッティングポジションを分割することで、渡方参加者と受方参加者の決済金額が同一となるように設定する（図表4－13－5）。

　各参加者の組合せが決定された後、組合せごとに、割当可能残高通知に記載された割当国債の時価評価額が、スタート／Rewind債務に係る受渡金額以上かつ最も近くなるように割当数量を決定する。

　具体的には、債務引受け1回目における優先組合せにより決定されたものに対しては、前日の銘柄割当てにおけるエンド/Unwind債務に対応するバスケットポジションに係る割当国債として受領予定の銘柄および数量を、割当可能残高通知に記載された銘柄および数量の範囲内で割り当て、残数量を次のランダム組合せで決定されたものに利用する。

　ランダム組合せにより決定されたものに対しては、割当対象のポジションの50億円以上の部分に対しては、割当可能残高通知上の数量の多い銘柄から、額面50億円ずつ割り当て、残数量が50億円未満である場合は、割当可能残高通知上の数量の多い銘柄から、各銘柄の残数量を割り当てる。

　また、複数のバスケットについては、構成銘柄が少ないバスケットから先に割当てを行う。

　具体的には、前述の国債バスケット銘柄一覧のうち、国債バスケット（TDB）から割当てを行い、構成銘柄が多くなる（10年以下）、（利付・TDB）、（利付・TDB）、（すべて）と順次割当てを行う。

　銘柄割当ての結果、割当可能残高通知の数量が不足していた場合、1回目および2回目の割当て時には銘柄を割り当てず次の回にポジションの繰り越しを行い、再度繰り越したポジションを加算して銘柄割当てを行う。3回目の銘柄割当て時においては、繰り越しができないため、割当可能残高通知に含まれる銘柄のなかで最も数量が多い銘柄により、割当可能残高通知の数量を超えて銘柄割当てを行う（図表4－13－6）。

図表 4 −13− 6　銘柄割当てにおける銘柄間の順位イメージ

〈清算参加者 A の割当可能残高通知の内容〉 (単位：億円)

	銘柄①	銘柄②	銘柄③	銘柄④	銘柄⑤	銘柄⑥	銘柄⑦	銘柄⑧	合計
数量	1,030	340	300	210	150	30	10	10	2,080

〈取引の内容〉 (単位：億円)

渡方	受方	約定金額
清算参加者 A	清算参加者 B	1,010
清算参加者 A	清算参加者 C	580
清算参加者 A	清算参加者 D	430
清算参加者 A	清算参加者 E	60
合計		2,080

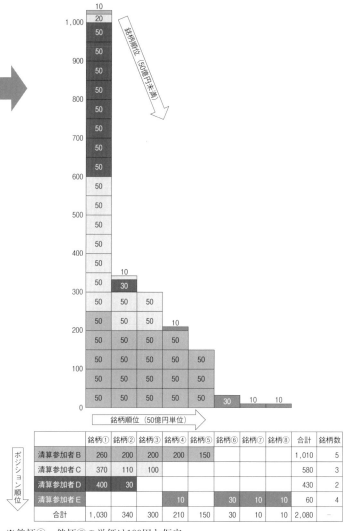

〈銘柄間の順位〉

	銘柄①	銘柄②	銘柄③	銘柄④	銘柄⑤	銘柄⑥	銘柄⑦	銘柄⑧	合計	銘柄数
清算参加者B	260	200	200	200	150				1,010	5
清算参加者C	370	110	100						580	3
清算参加者D	400	30							430	2
清算参加者E				10		30	10	10	60	4
合計	1,030	340	300	210	150	30	10	10	2,080	—

※銘柄①〜銘柄⑦の単価は100円と仮定

（出所）「国債取引の決済期間の短縮化及び物価連動国債の清算対象化に伴う国債店頭取引清算業務に係る制度要綱」（2018年1月29日改訂）別添2　銘柄割当てにおける銘柄間の順位イメージ

9．銘柄割当て結果等の通知

　銘柄割当てが完了した後、清算参加者に対して銘柄割当ての結果および決済予定について証券保管振替機構の決済照合システム経由で通知を行い、清算参加者は割当結果を確認、決済準備を行う。

10．銘柄後決めレポ取引の決済

　先決め取引の決済は、日銀ネットワーク上で、渡し方から国債資金同時受渡し（決済指示あり）の電文を送信することで（渡方清算参加者からJSCCに対して送付、JSCCから受方参加者に対して送付）、国債DVP決済が開始するが、銘柄後決めレポ取引の決済については、JSCCから国債資金同時受渡し（決済指示なし）の電文を送付する。

　これにより、参加者側で決済予定をもとに国債資金同時受渡しの電文を作成する必要がなく、JSCCから送付された決済指示なしの電文に応ずることのみで、国債の残高がある場合には決済が開始される。

　また、受け方の参加者においても、先に資金承認を行っておくことで、JSCCからの国債引渡指示を受けた後、円滑に決済が完了できることとなっている（詳細は第10章参照）。

〈参考文献〉
日本証券クリアリング機構（2014）「銘柄後決めレポ取引の清算業務に係る制度要綱について」
日本証券クリアリング機構（2015）「国債取引の決済期間の短縮化に伴う国債店頭取引清算業務に係る制度要綱」
日本証券クリアリング機構（2017）「国債取引の決済期間の短縮化及び物価連動国債の清算対象化に伴う国債店頭取引清算業務に係る制度要綱」

第14章 レポ市場における銘柄後決め現先取引導入の影響と最近の状況

本章では、レポ市場にフォーカスし2018年５月の国債決済期間短縮化（T＋１化）にあわせて導入された銘柄後決め現先取引の影響と、最近の状況をまとめてみたい。

1. レポ取引について

短期金融市場における取引の１つとして、国債を担保に債券と資金を一定期間にわたって交換するレポ取引が用いられている[1]。

交換を行う期間の開始はスタート決済、終了はエンド決済等と称され、スタート決済において債券と資金が交換され、エンド決済においてその反対の交換時に資金にレポレートが加えられた金額が決済される[2]。

それぞれの期間は一律に定められているものではなく、取引当事者同士の合意によって取引ごとに決められる。約定日からスタート決済までの期間は決済期間としてT＋X、スタート決済からエンド決済までの期間はタームと呼ばれている。多くの取引が約定日の翌日にスタート決済、その翌日にエンド決済となっており、すなわちT＋１のO/N（オーバーナイト）取引となっている（図表４−14−１）。

レポ取引には、売買の性質をもつ現先取引と、貸借の性質をもつ現金担保付債券貸借取引の２つの取引形式が存在している。また、レポ取引は運用・

---

1 「レポ」は「repurchase agreement（買戻しの合意）」の略といわれる。
2 取引当事者の合意により任意の取引期間（スタート決済日からエンド決済日まで）の設定が可能であり、１日（O/N）、１週間、１カ月、３カ月、１年、無期限（オープンエンド）などがある。

図表4-14-1　レポ取引の約定から決済までのモデルケース

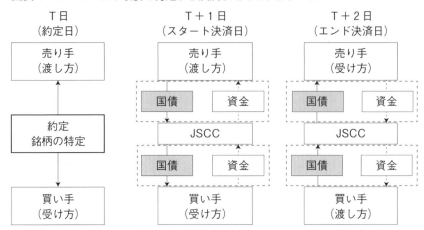

(注)　スタート決済までの期間がT＋1、スタート決済とエンド決済の期間が1日（オーバーナイトO/N）、JSCCを利用したケース。
(出所)　筆者作成

調達を目的とするSCレポ取引（special collateral）と、債券を実質的な担保として資金の運用・調達を目的とするGCレポ取引（general collateral）に分類される。

　SCレポ取引とGCレポ取引ではその性質から担保となる銘柄の特定のタイミングが異なる。SCレポ取引では約定時に担保となる銘柄を特定する一方で、GCレポ取引ではまず金額の合意が行われ、その後に銘柄割当て、約定というフローとなる。通常のGCレポ取引ではこの銘柄割当てを取引当事者同士で行っている。

　SC取引の代表的な取引は、国債の売買において保有していない銘柄を売却した場合など決済のために特定の銘柄を要するときに、当該銘柄を指定して調達することを目的に行われる。国債の保有者にとっては国債を提供することでの運用益を得られる機会となる。

　また、GC取引の代表的な取引は、短期の資金を調達するために保有している国債を担保として資金を得ることを目的に行われる。資金の保有者に

とっては運用益を得られる機会となる。このとき、国債はあくまで資金の担保であるため、どの銘柄であるかということの重要性はSC取引に比べて低く、金額の合意後に銘柄が決められている。

GC取引を中心に、継続的な資金調達・運用とともに、ネッティングによる決済量を減少させるために、エンド決済時に新たな取引のスタート決済を組み合わせるように、繰り返しの約定（ロール取引）が行われている。清算機関によって債務引受けされた取引は約定相手が異なっても受渡決済に基づきネッティングされるため、同一銘柄のロール取引は実決済を発生させずに行うことができる。

2．銘柄後決めレポ取引の導入

(1)　銘柄後決めレポ取引の仕組み

T＋1化にあわせて、JSCCでは「銘柄後決めレポ取引」を導入した。銘柄後決めレポ取引では、参加者はバスケット単位[3]で約定し、JSCCが債務引受けを行い、"引受けの後"に決済の対象となる個別銘柄を割り当てる。通常の先決め方式におけるGCレポ取引においてはこのような割当作業は参加者同士で"引受けよりも先"に行われ、JSCCは個別銘柄ベースで債務引受けを行っていた（図表4－14－2）。

参加者間同士での銘柄の割当てには事務処理を要するため、約定日同日の決済（T＋0）を可能とするために、国債バスケットでの約定とJSCCによる割当てというスキームが採用された。この銘柄の割当ては国債の渡方となる参加者が提出する"割当可能な銘柄のリスト"から、あらかじめ定めたルール（数量の多い銘柄から割り当てるなど）に基づいて行われる。JSCCではこれらリストの授受・割当銘柄の決定など一連のフローについてシステム化を図っているため、債務引受けにあわせて参加者に割当結果を配信している。

3　複数の銘柄の範囲を特定するもの。

図表 4 −14− 2　レポ取引の債務引受・決済フロー

	先決め (現先取引・現金担保付債券貸借取引)		後決め (現先取引)
種類	SC	GC	GC
約定	個別銘柄で約定	金額で約定	バスケットを指定
↓	—	参加者間での個別銘柄の割当て	—
引受け (時限)	JSCCの債務引受		
	—		7：00/11：00/14：00
	(決済前日) 18：30		—
↓	—		JSCCが個別銘柄を割当て
決済 (時限)	個別銘柄の決済		
	—		9：00〜11：00/ 14：00〜16：00
	9：00〜14：00		—

(注)　決済について国債を引き渡す決済時限はそれぞれ30分前。
(出所)　JSCC資料から筆者作成

図表 4 −14− 3　銘柄後決めレポ取引における国債バスケットと対象国債

バスケット 略称抜粋 (英語)	対象となる国債・残存年限					
	国庫短期 証券	利付国債 10年以下	利付国債 10年超	変動利付 国債	物価連動 国債	ストリッ プス債
TDB (TDB)	●					
10年以下 (U10)	●	●				
利付・TDB (Fixed)	●	●	●			
物国以外 (Large)	●	●	●	●		
すべて (All)	●	●	●	●	●	
Strips (Strips)						●

(出所)　JSCC資料から筆者作成

　また、1日に1回だった債務引受けと決済を1日に3回設けることで、日中の取引に対する同日中の決済を可能とした。

　銘柄後決めレポ取引では約定時に指定する国債バスケットによって、割り

当てる国債の種類等の範囲が特定されている。この国債バスケットは現在6種類が設けられている（図表4-14-3）。

(2) 銘柄後決めレポ取引の利用状況

JSCCが2018年5月1日から銘柄後決めレポ取引を導入したところ、導入当初から利用がみられた。まず同月における債務引受金額は約20兆円であった[4]。同月においては国債の売買、先決め方式ともあわせた債務引受金額は107兆円となり、2017年における130兆円と比較して大きく減少している。この背景には制度・システムが大きく変わるなかで、各参加者の様子見姿勢が強く働いたと思われる。

その後、そのような状況は落ち着き、債務引受け全体の120兆円を超える水準となった。一方で、銘柄後決めレポにおいては同水準が続いていた。しかしながら、2018年12月に入ると大きく増加し、債務引受金額は約40兆円と

図表4-14-4　JSCCの債務引受の推移

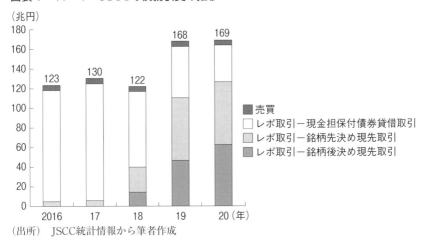

（出所）　JSCC統計情報から筆者作成

4　債務引受金額は特段断りのない限り、1日平均の往復ベース、レポ取引についてはスタート・エンドの合計（たとえば、レポ取引の約定100億円分は債務引受け400億円分として計上。リスク量や決済のもととなる引受けをカウントする考えによる）。

図表 4 −14− 5　レポ取引の投資家別売買高シェア

〈現先取引（先決め方式）〉

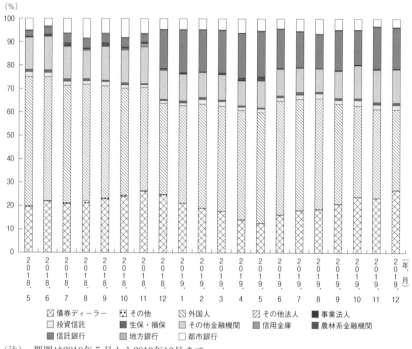

（注）　期間は2018年 5 月から2019年12月まで。
（出所）　日本証券業協会「公社債店頭売買高」から筆者作成

なった。さらにその後も増加傾向がみられ、2020年の年間を通してみると60
兆円を超え、債務引受け全体では約170兆円に拡大している（図表 4 −14− 4 ）。
　この銘柄後決めレポ取引を中心とした取引動向について確認していく。
JSCCからは主体別のデータは示されていないため、日本証券業協会が公表
する「公社債店頭売買高」[5]をみると、取引シェアの最も多いのは信託銀行

5　JSCCのデータは資格を有する清算参加者から債務引受けされた取引だけが対象と
　なっている。レポ取引全体を対象とするデータとして日本証券業協会では公社債店頭売
　買高を毎月公表している。

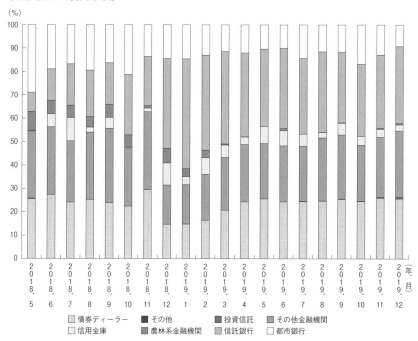

〈銘柄後決め現先取引〉

（凡例）
□ 債券ディーラー　■ その他　■ 投資信託　■ その他金融機関
□ 信用金庫　■ 農林系金融機関　■ 信託銀行　□ 都市銀行

となっている（図表4−14−5）。

　その推移では2018年12月から信託銀行の現先取引の売買高と取引に占める割合が大きく増加している。この点、日銀スタッフの調査レポート（藤本ほか（2019））では2018年末にかけてレポ信託（有価証券運用信託）[6]を擁する信託銀行が現先取引に移行をしたことを指摘している。

6　金融法委員会（2016）によれば保有する国債をSCレポ取引で証券会社等に貸し出し、その受領した担保金の運用をGCレポ取引によって行うことで収益を上げる仕組みであり、SCレポ取引、GCレポ取引の順番で約定することになると整理されている。

⑶ 銘柄後決めレポ取引の評価

銘柄後決めレポ取引の利用が増加しているところ、従前の先決め方式のレポ取引と比較してどのように評価ができるか。まず、債務引受金額の1件当りの金額をみると、約1,000億円となっている。先決め方式は約100億円となっており、約10倍の規模となっている。

銘柄後決めレポ取引は前述のようにJSCCによって銘柄の割当てがなされるため、約定後の事務処理にとらわれずに1取引当り比較的大きな金額の取引が円滑に行われていることが示唆される。ただし、先決め方式は1銘柄ごとの引受けとなるため、当該引受データからだけでは約定時の規模は測れない点には留意が必要である。

また、1件当りの決済金額の平均値をみると先決め方式では約40億円であるのに対して、後決め方式では約20億円となっている[7]。

後決め方式の銘柄は、参加者が提出する"割当可能な銘柄のリスト"に基づいてJSCCが割り当てる。そのため、参加者間同士では対象としづらいような1銘柄当りの数量の少ない銘柄を多くリストに掲載していると考えられ、参加者の在庫国債の有効活用が図られている点が示唆される。

次に1日に3回の債務引受け・決済のタイミングの状況を確認する。銘柄後決めレポ取引が可能としたT＋0は2回目・3回目が対象となり、1回目は約定日の翌朝の引受けとなるためT＋1となる。そのような仕組みのなかで、当該1回目の債務引受けが大宗を占めている（図表4−14−6）。

この背景には、事務処理をふまえて約定を早く決めておきたいとのニーズが聞かれている。また、低金利を背景に、資金の流動性が高くファンディングコストが低いことから、即日決済での資金調達を行わずとも、手元流動性によってカバーができているとの声も聞かれている。バスケットによる約定・JSCCによる銘柄割当てという参加者のオペレーションコストを低減さ

7　1件当りの決済金額は決済の円滑化のために上限が50億円となっている。1銘柄当り上限を超える決済金額となる場合は50億円単位で複数の決済に分割される。

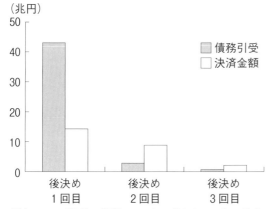

図表 4 −14− 6　銘柄後決めレポ取引の債務引受と決済金額分布

（注）　1 日平均値。期間は2018年 5 月から2019年12月まで。
（出所）　JSCC統計情報から筆者作成

　せるメリットを享受しながら、市場環境にあわせた利用状況がうかがえる。
　銘柄後決めレポ取引は国債取引Ｔ＋ 1 に対応するため、約定日同日のＴ＋
0 を可能とするために導入された。しかしながら、レポ取引においてＴ＋ 1
を中心としながらも市場環境を背景に上述のように国債取引のＴ＋ 1 が定着
化している。このようにＴ＋ 0 を可能とするインフラが整備されていること
が確認されているなかで、今後の市場環境次第では参加者がニーズに応じて
Ｔ＋ 0 の取引を行いうる。そのため、債務引受けが 1 回目に偏重しているこ
とが、銘柄後決めレポ取引の機能における問題とはとらえられない。

3 ．現先取引への移行

（1）　わが国レポ市場における現先取引と
　　　現金担保付債券貸借取引

　次にレポ市場全体における現先取引への移行について確認を行う。レポ取
引は "repurchase agreement" という言葉からもわかるように、グローバ

ルに買戻し条件付きの売買を指している。しかしながらわが国では貸借の性質をもつ現金担保付債券貸借取引がレポ取引の中心として用いられてきた。

この経緯について、売買の性質をもつ現先取引に対して1976年の証券局長通達により、有価証券取引税が課されていた。そのため、法的に貸借の性質をもつ現金担保付債券貸借取引がわが国におけるレポ取引として用いられるようになった[8]。

もっとも、有価証券取引税は1999年に廃止され、2001年には債務不履行時の扱いなどが整備された新しい現先取引[9]が導入されていた。しかしながら、新しい現先取引が導入された以降も、現金担保付債券貸借取引をレポ取引として利用する慣行が変わらずに継続していた。JSCCが債務引受けを行ったレポ取引の状況においても、2018年4月までは現金担保付債券貸借取引が大宗を占め、現先取引は数％にとどまっていた。

(2) T＋1化にあわせた現先取引への移行

そのようにわが国特有のレポ市場形態が形成されていたところ、グローバルな取引形態にあわせるために、決済期間短縮化とともに現先取引に移行させる試みが図られた。

まず、日本証券業協会が中心となって契約書のひな型の整備が行われた。従前は基本契約書に加えて合意書や付属覚書など複数の書類を組み合わせる複雑な構成となっていた。新たに整備された契約書は基本契約書を中心に必要な取引種類に応じた別紙によって構成されるシンプルなものとなった[10]。

また、レポ市場における現先取引への移行を促す観点から、銘柄後決め方式は現先形式のみとされ、現金担保付債券貸借取引形式の銘柄後決め方式は導入されなかった。これによって、銘柄後決めレポ取引を利用するためには現先契約を参加者間で締結する必要が生じた。

8　1996年に基本契約書が整備されている。

9　新現先ともいわれる。

10　ほかに債券現先取引等研究会において「Best Practice Guide」の改定もなされた。

当該現先契約においては先決め方式の現先取引についても対象となっているため、銘柄後決めレポ取引利用の現先契約を締結することによって、先決め方式においても現先取引を行う条件が整うこととなった。

(3)　現先取引中心のレポ市場へ

　そのように現先契約が進んだことで、上述の銘柄後決めレポ取引の利用拡大に加えて、先決め方式についても現先取引が増加している。2018年4月までの債務引受金額（1日平均）は5兆円程度だったところ2018年5月には24兆円となった（図表4-14-7）。

　その後も2018年11月には36兆円まで増加、さらに2018年12月は先述の後決めの増加とともにその規模が大きく増加し60兆円台、足元では70兆円台となっている。

　この間、現金担保付債券貸借取引の取引は大きく低下、現先取引と現金担保付債券貸借取引の清算利用金額合計は増加している。レポ取引における現先取引の増加は、①従前の現金担保付債券貸借取引から現先取引への移行に

図表4-14-7　レポ取引における現先取引と現担取引の推移

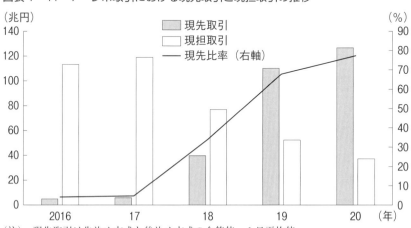

（注）　現先取引は先決め方式と後決め方式の合算値。1日平均値。
（出所）　JSCC統計情報から筆者作成

加えて、②新たに債務引受けの対象として現先取引が行われたとみられる。足元ではJSCCが債務引受けをしたレポ取引のうち約70％程度が現先取引となっている。

　このように、レポ市場において現在の現先取引が2001年に導入・整備されながらも、現金担保付債券貸借取引が中心となっていたところ、決済期間短縮化にあわせた制度、契約書の整備および参加者の対応によって現先取引がレポ取引における主たる取引形式となった。

4．清算機関への影響

(1)　清算機関の利用

　清算機関を利用することで、決済のネッティングやカウンターパーティーリスクの移転が期待される。取引所で取引されたものはすべてが清算機関の対象となるほか、店頭取引においてもデリバティブ（金利スワップやCDS）については清算集中が義務化されている[11]。

　国債の店頭取引においては、そのような集中義務などの制度はないものの、2008年の金融危機を背景にした金融庁の「金融・資本市場に係る制度整備について」において、清算機関の利用拡大が掲げられ各種整備が進められてきた。

(2)　国債店頭取引における清算利用の拡大

　国債店頭取引における清算機関の利用状況を確認すると、日銀DVP決済に占めるJSCCの決済の割合は、2017年までは50％台で推移をしていた（図表4－14－8）。

　決済期間短縮化が行われた2018年には件数ベースでは65％に上昇、2019年は件数、額面ともに81％を占めるほどに増加している。これは銘柄後決めレ

11　店頭デリバティブ等の規制に関する内閣府令によって店頭デリバティブ取引では清算機関による清算集中が義務づけられている。

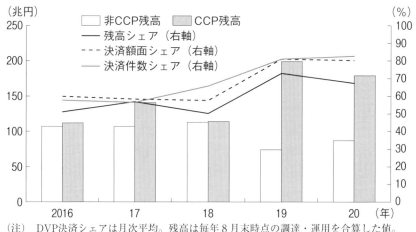

図表 4 −14− 8　JSCC利用シェアの推移

（注）　DVP決済シェアは月次平均。残高は毎年 8 月末時点の調達・運用を合算した値。
（出所）　JSCC統計情報、日本銀行「わが国短期金融市場の動向」から筆者作成

ポ取引の導入によって決済件数の増加が2018年にみられ、2019年では2018年
12月からみられた債務引受け全体の増加を映じてシェアが高まったものと考
えられる。国債店頭取引における清算機関の利用が拡大している。

　これらは決済ベースであり、引受後にネッティングが行われているデータ
であるため、次に取引（残高）ベースの状況を確認する。取引（残高）ベー
スについては日本銀行が毎年行っているサーベイにおいてレポ取引における
CCP利用の金額が示されている。当該サーベイの推移をみると、2018年まで
はCCP利用率が決済ベースと同様に50％程度で推移していたところ、2019年
には73％に増加している。このため、取引ベースでみても清算機関の利用が
拡大している状況がうかがえる。

　なお、国際的な中央銀行、金融監督当局等が参加する金融安定理事会（Fi-
nancial Stability Board、FSB）によって2019年から国際的なレポデータの収
集が行われている。当該データについて、わが国においては日本銀行によっ
て2020年 1 月から収集されたデータがFSBレポ統計として公表されてい
る[12]。ここでは、資金運用のGC・SCと現先・現担の別において、CCP利用

の有無が示されている。2018年12月からのデータであるため、本章が対象としている決済期間短縮化の影響は測れないものの、現状におけるJSCCの債務引受状況だけでは判別できなかったCCP利用の状況が示唆される。

2019年を均してみると現先取引については79%、現担取引については61%がCCP利用となっている。レポ取引合計では73%がCCP利用となっており、上述のサーベイと同水準となっている。

なお、CCP利用となっているGC取引とSC取引の金額を比較すると、JSCCでは判別できなかったGCの比率について、現先取引では71%、現担では64%となっている。銘柄後決めレポ取引はGC取引であるため、先決め方式だけで比較すると、約6割がGC取引として用いられている状況であった。

(3) 決済の安定性

銘柄後決めレポ取引のように決済頻度の増加や、1当事者における決済金額の集中は決済を滞らせ、予定された国債の渡しができない"フェイル"の発生を増加させる懸念がある。

そこでフェイルの発生状況をみてみると、決済期間短縮化の前後を通じて0.04%を下回る水準で推移をしている（図表4-14-9）。

決済期間短縮化、銘柄後決めレポ取引の導入が行われても、フェイルの発生は引き続き極めて少ない状況となっていた。

フェイルの発生がきわめて少ない状況となっているところ、日々の決済完了に至るまでの状況を確認する。決済のタイミングは、先決め方式（売買含む）では1日1回、後決め方式では1日3回設けられている[13]。

それぞれの状況をみてみると、売買・先決め方式においては開始30分で決

12　当該データにはほかに、マチュリティなど従前のレポ市場に関する統計では把握できなかったデータが集計されている。詳細は笹本ほか（2020）を参照。

13　先決め方式（売買含む）では9時から14時まで、後決め方式では9時から11時まで、11時から14時までおよび14時から16時（1～3回目）。国債を引き渡す決済時限はそれぞれ30分前。先決め方式と後決め方式は決済予定が確定する時間が異なるため、決済準備の煩雑性から決済ネッティングは行わないこととされた。

図表4−14−9　フェイルの状況

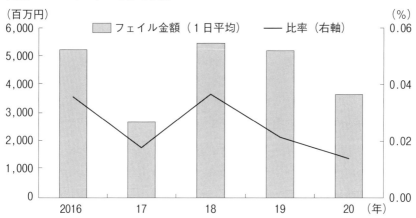

（注）　比率はフェイルの発生額面をDVP決済高（片道ベース）で除したもの。
（出所）　JSCC統計情報から筆者作成

図表4−14−10　決済の進捗

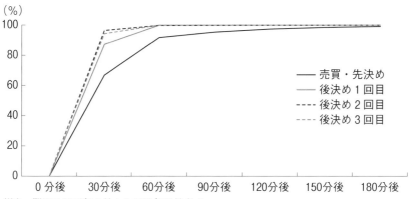

（注）　期間は2018年5月から2019年12月まで。
（出所）　JSCC統計情報から筆者作成

済予定のうち80％、後決め方式においては90％が完了をしている（図表4−
14−10）。

　それぞれ1日数十兆円の決済のうちほとんどが、開始30分から1時間程度

で完了しており、参加者における準備を含め円滑な決済が行われていることがうかがわれる。

このように、決済期間の短縮化にあわせて、決済リスクを削減する清算機関の利用の拡大がみられ、さらに決済の安定性が継続している状況がみられる。

5．おわりに

2018年5月に実施された国債決済期間短縮化において導入された銘柄後決め現先取引と影響をみてきた。銘柄後決めレポ取引の円滑な利用（1日平均20兆円から50兆円に拡大）、グローバルスタンダードな現先形式への移行（約7割）が確認された。

また、銘柄後決めレポ取引の利用拡大などに伴って清算機関の利用も進み、決済期間短縮化とあわせて決済リスクの削減が示唆される。そのようななかでもフェイル発生は短縮化前と同様にきわめて少なく、円滑な決済状況がうかがえた。

本章は2020年6月の日本ファイナンス学会第28回大会において報告した論文「レポ市場における国債決済期間短縮化の影響」を修作したものである。当日は岡部恒多氏をはじめ多くの方から貴重なコメントをいただいた。この場を借りて御礼申し上げる。

〈参考文献〉
金融法委員会（2016）「銘柄後決め方式GCレポ取引の仕組みに関する法的論点の整理」
佐々木隆雄（2018）「国債店頭取引における銘柄後決め現先取引の概説」商事法務2173号
佐々木隆雄（2020）「レポ市場における国債決済期間短縮化の影響」日本ファイナンス学会第28回大会報告論文

笹本佳南／中村篤志／藤井崇史／仙波堯／鈴木一也／篠崎公昭（2020）「わが国レポ市場の透明性向上のための新たな取り組み」日本銀行

代田純（2017）「日本における国債市場の流動性と日本型レポ市場」証券経済研究第97号

東短リサーチ編（2019）『東京マネー・マーケット〔第8版〕』有斐閣

日本銀行（2018）「わが国短期金融市場の動向――東京短期金融市場サーベイ（18/8月）の結果」

日本銀行（2019）「わが国短期金融市場の動向――東京短期金融市場サーベイ（19/8月）の結果」

日本銀行（2020）「FSBレポ統計の日本分集計結果」（2019年12月）

藤本文／加藤達也／塩沢裕之（2019）「国債決済期間短縮（T＋1）化後の市場取引動向――レポ市場を中心に」日本銀行

渡辺裕泰（2012）『ファイナンス課税〔第2版〕』有斐閣

渡辺百合子／吉田俊介／宇井理人／本馬朝子／北濱佑介／清水茂（2016）「国債の決済期間短縮化（T＋1化）に向けて」日本銀行

Bank for International Settlements（2019）"BIS Quarterly Review, December 2019"

Committee on Payment and Settlement Systems and Technical Committee of the International Organization of Securities Commissions（2012）"Principles for financial market infrastructures"

第 **5** 部

リスク管理

第15章

国債清算における
リスク管理

　金融取引には取引相手が債務を履行できなくなることで、損失を被る信用リスクが潜在する。清算参加者が破綻した際にはこの信用リスクが顕在化し、エクスポージャー[1]が発生する。このエクスポージャーをカバーするため、清算機関においては、証拠金制度や追加的な財源を保持することが求められている。本章では、国債店頭取引における、証拠金や清算基金等の財源とそれらの財源を含む損失補償財源について説明する。

1. 清算参加者の破綻による損失をカバーする財源

　清算参加者が破綻した場合、JSCCは破綻した参加者のポジションを再構築して決済を履行することで市場の安定性に寄与する。この再構築を行う過程で発生する損失をカバーするため、一連の財源の備えが求められている。

　この一連の財源のうち、清算参加者に求められる財源として証拠金、清算基金および特別清算料がある[2]。

　証拠金と清算基金は、参加者の破綻がない平時から預託されることから事前拠出型の財源と呼ばれており、特別清算料は、参加者の破綻時、必要に応じて追加で拠出されることから、事後拠出型の財源と呼ばれている。

　証拠金は破綻をした参加者自身の損失を補填するために使用され、清算基金と特別清算料は当該損失を破綻参加者以外の参加者により補填するために

1　本章ではエクスポージャーを「破綻参加者のポジションを現在時点の市場価格で再構築する際に発生するコスト」と定義している。

2　清算参加者に求める損失補填財源のほか、JSCCによる損失補填財源として決済保証準備金がある。

図表 5 −15− 1　清算参加者に求められる損失補填財源について

財源の種類	事前／事後	損失を負担する主体
証拠金	事前	破綻参加者
清算基金		非破綻参加者
特別清算料	事後	

（出所）　JSCC資料から筆者作成

使用される[3]（図表 5 −15− 1 ）。

　本章では、これらの事前拠出財源である証拠金、清算基金を中心に国債店頭取引清算のリスク管理について説明し、あわせて事後拠出財源の特別清算料も含めた損失補填制度についても説明する。

2 ．証 拠 金

　証拠金は参加者が破綻するまでにポジションに生じたリスクをカバーする変動証拠金と、参加者が破綻してから当該破綻参加者のポジションを再構築するまでに生じるリスクをカバーする当初証拠金に分けられる。

(1)　変動証拠金

　参加者のポジションは、債務引受けをしてから決済が行われるまでの間に、時価の変動によって含み損益が発生する。この含み損益はカレントエクスポージャーと呼ばれ、これをカバーするため、変動証拠金の預託を参加者に求めている。

　国債店頭取引における変動証拠金は、ポジションの形態が個別銘柄を対象とする個別銘柄取引[4]か、バスケット銘柄を対象とする銘柄後決め現先取引

3　ただし、破綻参加者の清算基金は証拠金とあわせて参加者自身の損失を補填するために使用される。
4　本章では売買・現金担保付債券貸借取引・銘柄先決め現先取引をまとめて「個別銘柄取引」と呼ぶ。

かにより異なる算出方法としている。

　個別銘柄取引における変動証拠金は、日々の未決済のポジションについて、国債の引渡し／受領に係るポジションの時価評価[5]と資金の支払／受領に係るポジションの現在価値を比較することにより算出している。

　具体的には、清算参加者のポジション（参加者の破綻時にJSCCが国債を調達するか売却するか）と、国債の時価が前日からどのように変動したかにより決定される。

　たとえば国債の時価が前日と比較して上昇し、JSCCに国債を引き渡すポジションを保有する清算参加者が破綻した場合、JSCCは当初の時価よりも高い時価により国債を市場から調達する必要があるため、当該参加者は当該ポジションの時価の上昇分を変動証拠金としてJSCCに預託する[6]。

　これに対して銘柄後決め現先取引の変動証拠金は、未決済ポジションが個別銘柄取引とは異なり、バスケット銘柄となっていることから、当該バスケット銘柄の引渡し／受領に係る現先取引のスタートの受渡金額と、エンドの受渡金額の現在価値との差額により算出しており、これは銘柄後決め現先取引におけるレポ利息の現在価値に相当するものとなる。

　たとえば国債の渡し方において約定時のレポレートがプラスの場合、当該参加者はエンド時にレポ利息相当額を上乗せした金額をJSCCに支払う必要がある。ここで、スタートからエンドの間に当該参加者が破綻した場合、JSCCは、相手方の参加者に対してレポ利息を上乗せした金額を支払う必要があるため、当該国債の渡方参加者は将来のレポ利息の現在価値に相当する金額を変動証拠金としてJSCCに預託する（図表5−15−2）。

　JSCCを介さないレポ取引についても、同様の値洗いによる差額を「マージンコール」として授受していることが一般的である。変動証拠金とマージ

---

[5]　国債の評価時価には日本証券業協会が日次で公表する公社債店頭売買参考統計値を使用しており、現在価値の計算には同協会が公表する東京レポレートを用いている。
[6]　変動証拠金をJSCCに預託する参加者を「変動証拠金の負け方参加者」、JSCCから変動証拠金を受領する参加者を「変動証拠金の勝ち方参加者」という。

図表5−15−2　個別銘柄取引と銘柄後決め現先取引における清算参加者の
　　　　　　　変動証拠金の預託・差入れの分類

		個別銘柄取引／銘柄後決め現先取引	
		国債の時価／約定レポレート	
		上昇／プラス	下落／マイナス
国債のポジション	渡し方	JSCCに預託	JSCCから受領
	受け方	JSCCから受領	JSCCに預託

（注）　時価の変化は債務引受けから決済日までのもの。
（出所）　JSCC資料から筆者作成

ンコールを比較すると、いずれも値洗いによるリスクを管理するという目的
は共通している。しかし、マージンコールは発生したとしても預託／差入れ
は約定当事者が任意で行うのに対し、変動証拠金は日々算出および預託を求
める点でリスク管理の観点からは優れているといえる。

(2)　当初証拠金の構成要素

　清算参加者の破綻時においても、JSCCはほかの清算参加者との決済を行
わなければならない。そのために、破綻参加者が受け渡す予定であった国債
や資金の再構築を行う。この再構築に要する費用は、ポテンシャルフュー
チャーエクスポージャーと呼ばれ、これを破綻参加者自身の担保によりカ
バーするため、当初証拠金の預託を清算参加者に求めている。

　再構築に要する費用とは、参加者の破綻発生時、破綻参加者の決済予定で
あったポジションについて、JSCCが当該破綻参加者以外の参加者に提示し、
オークション形式による購入／売却を行う際に[7]、当初の受渡金額と購入／
売却額の間に発生する差額となる（図表5−15−3）。

7　オークションの対象となる国債の数量は、受渡日を考慮せずに銘柄ごとにネッティン
　グした「差引数量」となる。なお、債務引受けされた取引が売買か先決めレポかにかか
　わらず、個別銘柄のポジションの再構築に係るオークションは売買取引により実施す
　る。

図表 5-15-3　参加者破綻時の再構築取引

〈国債の渡方が破綻した場合〉

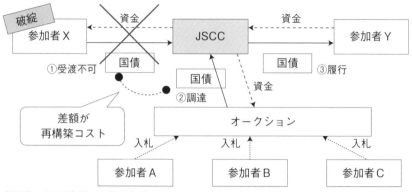

（出所）　JSCC資料から筆者作成

　当初証拠金は、ポジションの再構築をする過程でJSCCに４つの損失が発生すると想定してそれぞれ対応する構成要素を設定し、それらの合計を当初証拠金所要額としている。

計算式

　　　当初証拠金所要額＝国債の再構築コスト相当額
　　　　　　　　　　　　＋市場インパクト・チャージ所要額
　　　　　　　　　　　　＋レポレート変動リスク相当額
　　　　　　　　　　　　＋FOS決済に係る当初証拠金所要額

以降では、これら４つの構成要素について説明する。

1　国債の再構築コスト相当額

　国債の再構築コスト相当額は、オークションにより落札される金額が当初のDVP決済予定時の金額と異なること（時価変動）により発生する損失のうち、時価変動により発生する部分に対応する構成要素である。

　再構築コストは、実際に破綻が発生し、オークションが完了するまでは当然判明しない。そこで、これを推定するため、過去の時価の推移をもとに時価変動リスクファクターというパラメータを設定し、ポジションの額面に乗

じることで、再構築コストに相当するリスクポジションを算出している。

　時価変動リスクファクターは、再構築に要する期間（3日間）に想定される国債の額面100円当りの価格変動のリスクを推定したものであり、過去250日間における3日間の時価変動の分布について片側信頼水準99％（2.33σ）でカバーする水準と、過去500日間における同水準の、いずれか大きいほうの水準として設定している。

　また、過去250日間または500日間の価格変動に加えて、過去の大きなストレスイベントにおけるマーケットデータ（開業以来の変動）についても考慮している。

　時価変動リスクファクターの設定は、国債イールドカーブの考えに基づき、同じ銘柄種類、似たような残存年数の銘柄であれば、時価変動は類似すると考えられるため、銘柄種類別、残存年数別に相殺クラスというカテゴリーを分けて設定している（図表5-15-4）[8]。

図表5-15-4　時価変動リスクファクターの相殺クラス

〈利付国債・割引国債〉

相殺クラス	
	残存年限 （超-以下）
A	0- 2
B	2- 4
C	4- 7
D	7-10
E	10-20
F	20-30
G	30-41

〈変動利付国債・物価連動国債〉

相殺クラス	
	残存年限 （超-以下）
A	0- 2
B	2- 4
C	4- 7
D	7-10
E	10-20

（出所）　JSCC資料から筆者作成

8　時価変動リスクファクターは週次で見直しを行っているほか、相場が大きく変動した際には臨時に見直すこととしている。

たとえば、2020年12月末に適用されるリスクファクターは、利付国債で残存クラス7年から10年の国債に適用されるもので、額面100円当り0.82円となっている。また、残存年数が30年以上の銘柄に適用されるリスクファクターは額面100円当り2.87円となっている。残存年数が長くなればなるほど、国債の価格変動は大きくなり、残存年数の長い銘柄に適用される時価変動リスクファクターも大きくなるためである。

　また、ポジションの受渡しにより発生する損益を相殺し、証拠金を効率的に算出するため、相殺比率というパラメータを設定し、上記により算出したリスクポジションを相殺している。

　国債は同じような残存年限であれば、再構築の際に発生する損失は、相場が上昇または下落のどちらかに振れている局面において、渡しポジションと受けポジションで損益が逆となり、お互いのポジションに発生する再構築コストを相殺すると考えられることから、上述の同じ相殺クラスに属する銘柄は、渡し／受けのリスクポジションを相殺している。さらに、同一銘柄種類の国債について、異なるクラスであっても、一定の損益を相殺する効果があると想定されるため、隣り合うクラス間および1つ離れたクラス間のリスクポジションについても相殺をしており、これらの相殺の結果算出されたものが国債の再構築コスト相当額となる。

　相殺比率は、ポジション相殺におけるリスク計算を保守的に行うため、同一クラス内に適用されるものは、当該クラス内で残存年数が最短の銘柄と最長の銘柄との半年間の利回りの相関係数に基づき算出し、異なるクラス間の相殺比率については、残存年数の短いクラスにおける最短の銘柄と、残存年数が長いクラスの最長の銘柄の利回りの相関係数に基づき算出している。

　当初証拠金の構成要素のなかで、国債の再構築コスト相当額の金額に占める割合が最も大きい。

❷　市場インパクト・チャージ所要額

　市場インパクト・チャージは、再構築コストのうち、取引規模の大きな国債をオークションにより売買する際に発生するマーケット・インパクト部分

に対応する構成要素である。

　参加者破綻時のオークションでは、債務引受けされた取引が売買かレポか
を問わず、基本的に再構築取引は売買によって行う。債務引受けされるレポ
取引の約定規模は、売買取引に比較すると大きいことから、参加者の破綻時
におけるJSCCが執行する国債の売買の規模は、マーケットで通常行われて
いる取引規模を超える可能性がある。このような規模の大きな取引を行う
と、価格の急落／急騰を引き起こし、マーケット・インパクトが発生する。

　国債の再構築コスト相当額は、時価の仲値の変動による損失をカバーして
いるところ、市場インパクト・チャージでは、仲値とアスクまたはビッドと
の乖離により発生するスプレッドを見積もり、取引規模に応じたスプレッド
に金利感応度を乗じて市場インパクト・チャージを算出している。このよう
なスプレッドを想定するために、清算参加者に対して定期的にサーベイを行
い、市場の実勢に応じた取引規模およびアスクビッド幅からスプレッド（基
準スプレッド）を設定している。

　サーベイにより清算参加者にアスクビッド幅を確認する際は、再構築コス
ト相当額の計算のために設定した相殺クラスに加えて銘柄の発行年限も考慮
しており、国債の銘柄の属性をふまえた流動性にも配慮している。

　マーケット・インパクトは、ポジションの規模が一定の規模を超過すると
急激に上昇することを考慮し、スプレッドは指数補間により増加する仕組み
としている。

３　レポレート変動リスク相当額

　レポレート変動リスク相当額は、受渡日が先日付のポジションの再構築を
行う際に、レポ取引を組み合わせてオークションを実施する際の、当該再構
築に係るレポ取引から発生する損失に対応する構成要素である。

　個別銘柄取引のポジションの再構築は元の取引が売買かレポ取引かにかか
わらず再構築は売買取引を行うところ、受渡日が先日付のポジションについ
ては、売買取引に加えて当該受渡日をエンドとする先決めレポを組み合わせ
た「レポ付売買」による再構築を行う。

なお、銘柄後決め現先取引におけるバスケットポジションの再構築は元の取引と同じ銘柄後決め現先取引となり、受渡日が先日付のポジションは、当該受渡日をエンドとして再構築を行う。

　これら再構築のためのレポ取引により発生する損失がレポレート変動リスク相当額となる。レポレート変動リスク相当額は、再構築に係るレポ取引のスタート日からエンド日までの日数に応じたレポ利息相当額となる。

　再構築に係るレポ取引により発生するレポはポジションの受け・渡しによって、JSCCの売現先・買現先いずれも発生する。売現先は国債を担保とした資金調達となり資金調達コストが発生する。買現先の場合は逆に資金運用による収益が発生すると想定し、このように発生した損益を相殺して算出を行う。

　損益の相殺は国債の再構築コスト相当額のように銘柄種別ごと、クラスごとに相殺比率は設定せず、すべてのレポ付売買によるレポにより発生した損益を相殺している。レポレート変動リスク相当額はあくまでこのようなレポ取引による利息のため、当初証拠金に占める割合は少ない。

❹　FOS決済に係る当初証拠金所要額

　FOS決済に係る当初証拠金所要額は、FOS決済[9]について、参加者からJSCCへの支払が不履行となる場合に発生する損失に対応する構成要素である。

　算出においては、FOS決済の構成要素のうち特に金額が大きく日々発生するものとして、変動証拠金、前日に授受した変動証拠金の返戻（返戻に係る付利を含む）、受渡調整金の3つを対象としている[10]。

(3)　当初証拠金の算出スケジュールと対象ポジション

　当初証拠金は1日に3回（7時、11時および14時）算出を行っている。これは1日に複数回の債務引受けが行われることから、それぞれの債務引受け

9　詳細は第10章参照。
10　FOS決済の構成要素としては、ほかにフェイルチャージや元利金がある。

や決済状況によって変化するポジションから発生するリスクをカバーできるようにするためである。上述の4要素について、それぞれ次の3つの対象となるポジションのうち最大のリスク量を算出対象としている。

まず、債務引受時点におけるポジションを算出対象としている[11]。次に、決済が行われることで、リスクを有する未決済のポジションは変化していくため、決済完了時点におけるポジションを算出対象としている。

さらに、1日の最後の算出は14時に行う一方で、個別銘柄取引の債務引受けは18時30分まで行っている。そのため、14時の算出においては当該個別銘柄取引に係るリスクを過去のポジションの推移に基づき見積もったものを算出対象としている[12]。

これにより、当初証拠金の預託後の夜間等に清算参加者が破綻した場合に

図表5−15−5　当初証拠金の算出スケジュールと対象ポジション

	算出	預託時限	算出対象ポジション (このうち最大のリスク量を採用)		
			算出時点	未決済分の変化	個別銘柄取引の過去値をもとにした推計値
1回目	7時	10時	○	○	—
2回目	11時	14時	○	○	—
3回目	14時	17時	○	○	○

（出所）　JSCC資料から筆者作成

11　銘柄後決めレポ取引について、スタート決済が行われる前のポジションの差引数量は、スタート決済に係る数量とエンド決済に係る数量の差額となる。これらは受渡しが逆でかつ数量が同額となるため、再構築コストはゼロとなる。

12　過去120営業日におけるポジションの上位20位の平均値を用いている。なお、脚注11で述べたように、レポ取引または後決めレポ取引は債務引受時点では差引数量がゼロとなる性質を利用し、これらのレポ取引のみを行うことを前提に、過去のポジションに依存せずに当初証拠金の算出を行うことができる清算参加者の口座を設けている。これは、日々受益者が変動する投資商品によるバイサイドを中心とした投資家の利用を想定している。

おいても十分な財務資源を確保できるようにしている（図表5-15-5）。

　なお、当初証拠金所要額の全参加者合計は2020年12月末時点において国債の再構築コスト相当額が8,520億円、市場インパクト・チャージが965億円、レポレート変動リスク回避IM額が207億円、FOS不履行リスク回避IM額が1,121億円となっており、その合計は1兆0813億円となっている。

3．清算基金

　清算参加者の破綻時には、市場に大きなストレスがかかることにより、破綻した参加者のポジションに、当該参加者が拠出する証拠金ではカバーしきれない損失が発生する可能性がある。この点、FMI原則において、CCPは信用リスクのカバーのため、「極端であるが現実に起こり得る市場環境において最大の総信用エクスポージャーをもたらす可能性がある2先の参加者[13]の破綻を含み、かつこれに限定されない広範な潜在的ストレスシナリオを十分にカバーするだけの追加的な財務資源を保持」することが求められている。

　この損失を生存参加者の負担によりカバーするための財務資源として、清算基金の預託を求めている。

　清算基金の算出において想定する市場環境は、イールドカーブの変動を主成分分析[14]の考えに基づき、主要な変動を抽出したものをもとに設定したシナリオ6通りと、主成分分析以外のものとして過去の大きなマーケットイベントにおける変化から設定した24通りのシナリオもあわせた合計30通りのシナリオを設定している。また、変動利付国債および物価連動国債は、銘柄の特性を考慮し、市場の過去最も激しい変動に基づくそれぞれ2通りずつのシナリオを設け、その組合せ（30×2×2）全120通りのシナリオに基づき算出している。

　当該ストレスシナリオに基づき、各清算参加者のポジションに発生すると

13　当該参加者はその関係法人の破綻も含む。
14　三菱東京UFJ銀行（2012）によれば、イールドカーブ全体の変化は平行移動、傾き変化、たわみの3種類でほとんどが説明できるという特徴がある。

想定される損失額から当初証拠金を差し引くことにより算出される額を「担保超過リスク額」とし、当該担保超過リスク額の上位2社の合計額を各清算参加者の当初証拠金所要額で按分することにより、清算基金所要額を日々算出している。

担保超過リスク額は、日々の清算参加者のポジションの状況により大きく増減する可能性があることから、プロシクリカリティの低減のため、当日に算出した担保超過リスク額上位2社合計と、過去120営業日の平均値を比較し、いずれか大きいほうを採用することで、所要額の変化を平準化している。

清算基金所要額の全参加者合計は2020年12月末時点において2,601億円となっている。

4．参加者破綻時の損失補填財源

ここまで証拠金制度と清算基金について説明した。清算参加者の破綻時に発生した損失は、前述したとおり、まず破綻参加者の証拠金および清算基金ならびにJSCCの負担によって補填される。さらにそれでも損失をカバーできない場合には、生存参加者の清算基金およびJSCCの負担によって補填される。それでも損失をカバーできない場合、特別清算料という事後拠出の財務資源により補填を行う。このように、参加者破綻時の損失補填財源を、第1順位から第7順位まで決めており、これらの一連の補填の枠組みを損失補填制度としている。

国債店頭取引における損失補填制度の特徴として、信託財産を取り扱う信託銀行が清算参加者におり、当該信託銀行の業態に応じた制度としている。信託財産は信託契約ごとに独立しているため、生存参加者の清算基金について、信託銀行は破綻参加者との取引の程度に応じて負担の度合いが決定される[15]。

清算基金や特別清算料の費消において、信託銀行以外の参加者および破綻清算参加者と取引のある信託銀行に損失負担が求められ、破綻参加者との取

引のない信託銀行は損失負担が劣後される。

　信託銀行以外の生存参加者および、破綻参加者と取引をしていた信託銀行の清算基金や特別清算料による補填によっても損失をカバーできない場合には、破綻参加者との取引のない信託銀行の清算基金や特別清算料を費消する[16]。

5．リスク管理制度の見直し

　これまで国債店頭取引清算におけるリスク管理について説明したが、リスク管理制度の変遷について触れていきたい。

　まず、損失補填制度は、日本国債清算機関（JGBCC）開業当初、当初証拠金[17]のみが主要な財務資源となっており、損失補填も破綻参加者との原取引に応じて生存参加者が無限責任で負担することとなっていた。

　さらに、当初証拠金のリスクパラメータである時価変動リスクファクターは、JGBCC開業当初、再構築に要する期間を1日とし、過去120日間における1日の時価変動の分布を片側信頼水準95％（2σ）でカバーする水準として設定され、見直しは月次で実施していた。

　しかし、FMI原則において、証拠金でも損失を補填できない場合に備え、追加的な財務資源の保有が清算機関に求められ、エクスポージャーをカバーする信頼水準は片側信頼水準99％が求められた。

　さらに、欧州規制において、現物取引の再構築に要する期間は2日以上を求められていた。

　このようなFMI原則等の規制への対応するため、2014年に当初証拠金制度

15　國本（2014）によれば、信託財産は信託契約ごとに独立しており、受託者や他の信託財産のリスクから遮断されている。つまり倒産隔離が確保されているという特性をふまえて、自身が破綻参加者と取引をしていない場合の影響をできる限り回避する必要があるとされている。

16　他のOTC清算取引の損失補填制度においては、すべての生存参加者は同様に扱われる。

17　2013年におけるJSCCとの合併までは「クリアリング・ファンド」と呼ばれていた。

に加えて清算基金制度を導入し、損失補填財源の制度を現在のものに整備した[18]。

　また、当初証拠金についてはリスクパラメータである時価変動リスクファクターの算出において、再構築に要する期間を3日[19]に延長し、参照期間を250日間に延長し、見直しの頻度は週次とした。

　加えて当該見直しにあわせ、特定の銘柄の流動性リスク管理の高度化のため、市場インパクト・チャージも導入した。

　2019年においては、さらなるリスク管理の高度化のため、当初証拠金のパラメータである時価変動リスクファクターにストレスイベントにおけるマーケットデータを考慮して算出を行うよう見直した。あわせて清算基金を算出するためのストレスシナリオの見直しを行い、精緻に市場環境を反映できるようにした。具体的にはパレート分布を用いた定量的な抽出の導入やストレスシナリオとして想定する保有期間を破綻処理に要する期間とあわせるなどとした。

6. 最後に

　本章では国債店頭取引清算のリスク管理制度について、参加者破綻時のエクスポージャーをカバーするための証拠金、さらには証拠金ではカバーできないリスクに備えた財源として清算基金を中心に説明し、あわせて損失補填制度について説明した。

　リスク管理制度は開業以来、規制への対応や状況の変化にあわせて見直しをしてきた。

　今後もリスク管理制度のさらなる高度化・精緻化を通じて市場の安定性の

18　それまでは破綻参加者の破綻処理による損失が当該参加者の証拠金を超過した場合は、当該破綻参加者の相手方の参加者に対し、原取引の規模に応じて事後拠出による無限責任での損失負担を求めていた。

19　欧州市場インフラ規制（EMIR）では、再構築に要する期間は2日以上とされており、これにリーマンショック時の再構築に要した期間（当時再構築を行ったのは日本国債清算機関）などを考慮して3日と設定された。

向上に寄与し、国債市場の発展に貢献していく。

〈参考文献〉

國本勝利（2014）「国債清算制度の利用拡大に向けた取組みについて」信託258号

佐々木隆雄／上野昂（2019）「国債・レポ取引の決済期間短縮と清算リスク管理」
　　証券アナリストジャーナル2019年11月号

CPMI-IOSCO「金融市場インフラのための原則（仮訳）」金融庁webサイト

日本取引所グループwebサイト

松本幸一郎（2014）「国債清算制度の安定強化に向けた取組みについて」信託258
　　号

三菱東京UFJ銀行円貨資金証券部（2012）『国債のすべて』金融財政事情研究会

第16章 リスク管理におけるテスト

本章では、JSCCの主なリスク管理制度として、証拠金制度と損失補償制度を取り上げ、それぞれの制度の十分性を確認するための取組みとして、バックテストやストレステストの枠組みを紹介する。

1. 概要・背景

(1) 金融市場インフラのための原則

第7章で述べたとおり、JSCCは清算機能を提供している。それは、複数の市場参加者同士の売買関係を、証券と資金の授受の局面ですべてJSCCを相手方とした関係に置き換え、決済履行を保証する仕組みである。この機能は、金融システムの安定のために重要な機能であり、金融取引の決済機能や記録機能などとともに、金融市場インフラ（Financial Market Infrastructures（以下「FMI」という））をかたちづくるものである。

FMIの存在が金融市場にとって重要であるからこそ、その管理は適切に行われるべきである。そこで、FMIをより強固なものとするための取組みがグローバルな金融規制のなかで行われてきた。特に大前提となっているのが、2012年にBIS支払・決済システム委員会[1]と証券監督者国際機構専門委員会が公表した「金融市場インフラのための原則」（以下「FMI原則」という）である。FMI原則は、リスクのカテゴリーごとにFMIが満たすべき水準や行うべき管理の枠組みを定めており、2017年にかけて公表された追加的なガイダ

1　現在の名称は決済・市場インフラ委員会。

図表5－16－1　証拠金制度・損失補償制度に関するFMI原則の主な求め

制度	FMI原則の主な求め
証拠金制度	当初証拠金によって、将来エクスポージャーの分布の片側信頼水準99％をカバーする。（原則6重要な考慮事項3）
損失補償制度	事前拠出型の財務資源によって、極端であるが現実に起こりうる市場環境におけるエクスポージャーを高い信頼水準をもってカバーする。（原則4重要な考慮事項4）

ンスとともに、各国のFMIにとって共通の基準となっている。そして各国の当局は、FMIに対する監督機能にFMI原則を反映させている。

　証拠金制度と損失補償制度に関していえば、FMI原則の求めのうち主なものは図表5－16－1のとおりである。

　なお、FMI原則中の「重要な考慮事項」の記載は、金融庁webサイトに掲載されている「BIS支払・決済システム委員会と証券監督者国際機構専門委員会「金融市場インフラのための原則」」（2012年4月16日付）仮訳に準拠している。

⑵　JSCCのリスクアペタイト

　FMI原則という求めに加えて、JSCC自身もリスク管理に係る姿勢を定め、とるべきではないリスクの範囲を明示している。それは、「リスクアペタイト・ステートメント」としてwebサイトに公表しており、そのうち、国債店頭取引に係る証拠金制度および損失補償制度に関係する内容は次のとおりである。

・証拠金の水準が、通常の市場環境において、清算参加者の破綻のコストを少なくとも99％の信頼水準でカバーするように設定されること。

・事前拠出財源が、ストレス時の市場環境において、担保超過リスク額に係る上位2社の清算参加者の破綻から生じる損失を超過しないように設定されること。

以降、JSCCにおけるバックテストやストレステストの枠組みを紹介していくが、そこではFMI原則およびJSCC自身のリスクアペタイトを充足することを常に意識する必要がある。

２．証拠金制度の十分性の検証

　証拠金制度の十分性を検証するにあたっては、「バックテスト」と呼ばれる手法を用いることが一般的である。ここでは、バックテストのプラクティスを紹介する。

⑴　バックテストの枠組み

　JSCCの国債店頭取引における証拠金のバックテストでは、ある日の証拠金所要額が、その後の３営業日分の市場変動による損失をカバーすることができていたか、テストを行う。そのテスト結果を日々蓄積し、過去250営業日（１年間）における累積カバー率が99％（FMI原則およびJSCCのリスクアペタイト・ステートメントが求める水準）を上回ることを確認している。

　たとえば、20XX年X月１日に、ある清算参加者からの債務引受済みのポジションに対して計算した証拠金所要額が１億円であったとしよう。３営業日経過した20XX年X月４日、その時の時価に基づいてこのポジションを再び評価したところ、仮に2,000万円程度の損失であったとしたら、損失は発生してしまったもののあらかじめ預託されていた証拠金１億円によって吸収することができる金額にとどまっているので、証拠金所要額のテストとしては、「カバーできた」あるいは「超過損失は発生しなかった」という結果となる。一方、仮に３日間の市場変動が想定以上に大きく、１億1,000万円もの損失が発生してしまったとしたら、「カバーできなかった」あるいは「超過損失が発生した」というテスト結果となる。このように、日々の当初証拠金所要額とそこから３営業日の間の損失額とを比較するテストを毎営業日実施する。このテストは、清算参加者のネッティング口座ごとに行う。そして、日々のテスト結果を250営業日分累積した結果、カバーできた割合が

99％以上となっていれば目標とするカバー率を達成できたことになり、反対に99％を下回っていれば目標を達成できなかったことになる。

　たとえば、ある日において40個のネッティング口座が存在していれば、その日の証拠金について40件のバックテスト結果を得ることができ、もし直近250営業日においてネッティング口座に増減がなく毎日40件のままだったとすれば、累積のテスト件数は1万件となる。この場合、1万件のうち証拠金で損失をカバーできなかった件数が100件以下であれば、99％のカバー目標を達成できたことになる。

　なお、3営業日分の損失額と比較している理由は、国債店頭取引においては、参加者破綻時にポジション処分のために要する期間を「3営業日」と想定しているためである。ポジション処分に要すると想定されるこの期間のことを「ポジション保有期間」や、単に「保有期間」と呼ぶ。

　保有期間は対象となる商品の市場流動性等によって異なり、一般的には、流動性が低い商品ほど保有期間が長い（処分に長い期間を要する）と考えられる。保有期間を変更すれば当然バックテストの結果も変わるため、バックテストの前提の適切性を保つためには、保有期間の想定自体が妥当である必要がある。この点に関して、JSCCでは、参加者の協力のもと定期的に破綻処理訓練を行っており、その訓練のなかで、保有期間を含め、参加者破綻処理制度の想定が市場の実態に照らして妥当であることを確認している。

(2)　累積カバー率に対する評価

　累積カバー率を評価する際は、その水準が、目標としている99％ラインより上か下かをもって判断することが基本線である。そうすることで、目標を達成できたのか未達だったのか、だれの目にも明らかである。つまり、過去250営業日における累積カバー率が99％を下回っていれば、それは直ちに目標未達として認識することになる。

　ただし、カバー率をみるだけでは、目標が未達のとき（カバー率が99％を下回っていたとき）、証拠金の計算モデル自体に問題があったかどうかまでは

即座に判断できない。というのも、たとえば99％をわずかに下回るカバー率だったとき、証拠金計算モデル自体が真に不十分な方法だった可能性も当然考えられるが、下回った理由が過去250営業日のテスト結果にたまたま偏りがあったことにあり、証拠金のモデル自体には問題がなかったという可能性も否定できない。そこで、二項検定と呼ばれる方法を用いて、統計的にテスト結果を評価することもあわせて行う。

　ここでは、検定に関する詳細は統計学のテキスト等に譲ることにして、概要のみを紹介する。検定は一種の背理法であり、なんらかの仮定（仮説）を置いて、それが実データから得られた結果とどの程度整合するかを確認し、その結果をもって当初の仮定を否定するべきかどうか判断する。

　まず、「証拠金の実際の信頼水準が99％である」と仮定しよう。すなわち、この証拠金モデルのもとでは、１回のテストにおいて超過が発生する確率は１％であると仮定される。そして、この仮定に従うと、テストを独立に250回行った場合、超過が発生する回数の確率分布は**図表５−16−２**のようになる。

　ここで、250件のバックテストを行ったところ、超過が「３回」だったとしたらどうだろうか。カバー率は98.80％であるので、99％というカバー目標は達成できていない。一方、**図表５−16−２**から、証拠金の実際の信頼水準が99％のときにおいては、45.68％（つまり５割近く）の確率で３回以上の超過が発生する。このようなときに、98.80％というカバー率だけをもって「証拠金の信頼水準は99％ではない（あるいは99％より低い）」と評価してしまうと、本来正しいはずのモデルも５割近い確率で排除されてしまうことになる。そのため、この場合は、「証拠金の実際の信頼水準が99％である」という最初の仮定を明確に否定することはせず、したがって、証拠金に問題があるとまでは直ちにはいえない（問題視する必要はない）、という評価となる。

　対照的に、250回のテストのうち超過が「10回」だったとしよう。図表５−16−２から、実際の信頼水準が99％の場合に10回以上の超過が発生する確率は0.03％と非常に小さいため、「証拠金の実際の信頼水準が99％であ

図表 5 −16− 2　発生率 1 ％の独立事象が250回中 K 回発生する確率

超過回数 （K）	確率	確率の計算式	超過回数が K 以上となる確率
0 回	8.11%	$\binom{250}{0} \times 0.01^0 \times 0.99^{250}$	100.00%
1 回	20.47%	$\binom{250}{1} \times 0.01^1 \times 0.99^{249}$	91.89%
2 回	25.74%	$\binom{250}{2} \times 0.01^2 \times 0.99^{248}$	71.42%
3 回	21.49%	$\binom{250}{3} \times 0.01^3 \times 0.99^{247}$	45.68%
4 回	13.41%	$\binom{250}{4} \times 0.01^4 \times 0.99^{246}$	24.19%
5 回	6.66%	$\binom{250}{5} \times 0.01^5 \times 0.99^{245}$	10.78%
6 回	2.75%	$\binom{250}{6} \times 0.01^6 \times 0.99^{244}$	4.12%
7 回	0.97%	$\binom{250}{7} \times 0.01^7 \times 0.99^{243}$	1.37%
8 回	0.30%	$\binom{250}{8} \times 0.01^8 \times 0.99^{242}$	0.40%
9 回	0.08%	$\binom{250}{9} \times 0.01^9 \times 0.99^{241}$	0.11%
10回	0.02%	$\binom{250}{10} \times 0.01^{10} \times 0.99^{240}$	0.03%
11回	0.00%	$\binom{250}{11} \times 0.01^{11} \times 0.99^{239}$	0.01%
12回	0.00%	$\binom{250}{12} \times 0.01^{12} \times 0.99^{238}$	0.00%
13回	0.00%	$\binom{250}{13} \times 0.01^{13} \times 0.99^{237}$	0.00%
14回	0.00%	$\binom{250}{14} \times 0.01^{14} \times 0.99^{236}$	0.00%
15回	0.00%	$\binom{250}{15} \times 0.01^{15} \times 0.99^{235}$	0.00%

（出所）　Basel Committee on Banking Supervision（1996）から筆者が計算式を追加

図表 5 −16− 3　　3 ゾーン・アプローチにおける各ゾーンの評価

区　　分	評　　価
グリーン・ゾーン	モデル自体の質や精度に問題がないと考えられる。 （超過回数がその値以下となる確率が95％未満）
イエロー・ゾーン	問題の存在が示唆されるが決定的ではない。 （超過回数がその値以下となる確率が95％以上99.99％未満）
レッド・ゾーン	まず間違いなくモデルに問題がある。 （超過回数がその値以下となる確率が99.99％以上）

（出所）　Basel Committee on Banking Supervision（1996）から筆者作成

る」という最初の仮定を前提とするのは無理があるといえる。このような ときは、「証拠金の信頼水準は99％ではない（99％より低い）」と評価するべき だろう。

　問題視するべきかどうかの判断基準については、バーゼル銀行監督委員会 が「3 ゾーン・アプローチ」として提示している（図表 5 −16− 3）。

　これは、バックテストの結果を、信号機の色のように 3 つのゾーンに区分 して評価するものであり、JSCCにおいてもこの区分を用いてバックテスト の結果を評価している。

(3)　証拠金のバックテスト結果

　JSCCは、証拠金のバックテスト結果を四半期ごとに開示している（「FMI 原則に基づく定量的な情報開示」項目6.5）。

　国債店頭取引における証拠金のバックテスト結果について、2020年 3 月末 時点におけるカバー率（直近250営業日の累積カバー率）は、99.78％であり、 FMI原則の求めおよびJSCCがリスクアペタイトに定めている目標信頼水準 99％を満たしている。そして、3 ゾーン・アプローチによる評価は「グリー ン・ゾーン」であった。

　また、直近 3 年間におけるカバー率の推移状況は図表 5 −16− 4 のとおり であり、これまでも99％のカバー目標を達成し続けてきたことがわかる。

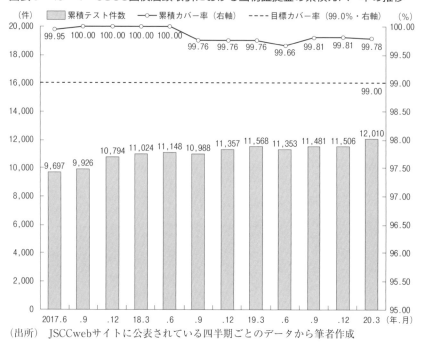

図表5－16－4　JSCC国債店頭取引における当初証拠金の累積カバー率の推移

（出所）　JSCCwebサイトに公表されている四半期ごとのデータから筆者作成

3．損失補償制度の十分性の検証

　JSCCでは、前述の証拠金に加えて、清算基金や特別清算料といった財源を設けており、万が一清算参加者に破綻が発生した場合への備えとしている。これらの損失補償財源は**図表5－16－5**の構成・順位としており、このうち、第3順位の清算基金までの財源を、清算参加者の破綻に先立って預託・設定されている財源という意味で、「事前拠出型の財務資源」と呼んでいる。これに対して、第4順位以降の財源については、参加者破綻処理の過程で必要に応じて拠出されるものであり、破綻に先立って確保しているものではない。

　この損失補償財源についての十分性を検証するにあたっては、「ストレス

図表 5 −16− 5　JSCC国債店頭取引清算業務における損失補償財源[2]

順位	事前／事後	概要
第 1 順位	事前拠出	破綻清算参加者の担保（デフォルターズ・ペイ）
第 2 順位		JSCCの決済保証準備金（第一階層）
第 3 順位		JSCCの決済保証準備金（第二階層）・破綻清算参加者以外の清算参加者の清算基金（サバイバーズ・ペイ）
第 4 順位	事後拠出	破綻清算参加者以外の清算参加者の特別清算料
第 5 順位		破綻後における変動証拠金等の累計が勝ち方の清算参加者による負担

図表 5 −16− 6　ストレステストの概要

対象	想定破綻社数	ストレスシナリオ
事前拠出型の財務資源	2 社	仮想シナリオ等（保有期間 3 日間）
損失補償財源全体	3 社	仮想シナリオ等（保有期間 6 日間）

テスト」と呼ばれる手法を用いる。以下では、JSCCにおけるストレステストの概要を紹介する。ストレステストは日次で行っており、その概要は図表5 −16− 6 のとおりである。

(1)　ストレステストの想定 1 （想定破綻社数）

JSCCでは、事前拠出型の財務資源を対象としてストレステストを行うときは、エクスポージャーの大きな清算参加者 2 社[3]が破綻する想定を置いている。この点について、FMI原則においては、「（極端であるが現実に起こりうる市場環境において）最大の総信用エクスポージャーをもたらす可能性があ

2　表に示した財源に加えて、信託取引を有する清算参加者による損失補償の枠組みが存在する。

3　その関係会社等（清算参加者の子会社および関連会社ならびに当該清算参加者の親会社、当該親会社の子会社および当該親会社の関連会社をいう）に該当する他の清算参加者を含む。以下同じ。

る参加者とその関係法人の破綻を含む」ことが求められている[4]。

　すなわち、破綻を想定する清算参加者をエクスポージャーの大きな1社のみに限定したとしても、規制の求めを満たすことはできる。しかしJSCCでは、規制の求めよりも保守的に、2社が破綻する想定を置いて財源の検証を行うこととしている。

　また、事後拠出型の財務資源も含めて損失補償財源全体を対象としたストレステストを行うときは、さらに保守的に、エクスポージャーの大きな清算参加者3社が破綻する想定を置いている。

(2) ストレステストの想定2（ストレスシナリオ）

　JSCCでは、ストレス環境下における想定損失を計算するために用いる価格・利回りの変動（ストレスシナリオ）として、商品の特性に応じて設定した市場変動を組み合わせている。具体的には、以降で述べるとおり、固定利付国債・割引国債に30通りのシナリオ、変動利付国債に2通りのシナリオ、物価連動国債に2通りのシナリオをそれぞれ想定し、それらを組み合わせた120通り（30×2×2）のストレスシナリオを用いている。

　また、ストレスシナリオにおけるポジション保有期間として、事前拠出型の財務資源を対象としてストレステストを行うときは3日間（証拠金と同様）と想定し、事後拠出型の財務資源も含めて損失補償財源全体を対象としたストレステストを行うときは、保守的に通常の2倍の期間を想定して、6日間としている。

■1 固定利付国債・割引国債に適用するストレスシナリオ（30通り）

　固定利付国債・割引国債については、主成分分析に基づくシナリオおよびヒストリカルシナリオの計30通りのストレスシナリオを適用している。概要は図表5-16-7のとおりである。

4　ただし、より複雑なリスク特性を伴う清算業務に従事している清算機関や、複数の法域においてシステミックに重要な清算機関では、最大の総信用エクスポージャーをもたらす可能性がある2先の参加者とその関係法人の破綻を想定する必要がある。

図表 5 −16− 7　固定利付国債・割引国債に適用するストレスシナリオの概要

ストレスシナリオ	概　　要
主成分分析に基づく ストレスシナリオ（6通り）	ヒストリカルデータから、主成分分析を用いて イールドカーブの変動の特徴を抽出し、その特 徴に沿って、ストレスシナリオに用いるイール ドカーブの形状および変動の大きさを想定した もの。
ヒストリカルシナリオに基づく ストレスシナリオ（24通り）	リーマンショック等、過去にストレス状態が生 じたとされるマーケット・イベント時のデータ から、イールドカーブの変動が特に大きかった シナリオを抽出したもの。

2　変動利付国債に適用するストレスシナリオ（2通り）

変動利付国債については、当社の国債店頭取引の清算業務開始（2005年5月）以来最大の単価変動（上昇および下落の2通り）を抽出し、それに加えて、マーケット・インパクト（市場価格と反対売買価格との乖離）に相当するリスクも加味して、ストレスシナリオを設定している。

3　物価連動国債に適用するストレスシナリオ（2通り）

物価連動国債については、物価連動国債の発行再開（2013年）以来最大の単価変動（上昇および下落の2通り）を抽出して、ストレスシナリオに設定している。

（3）　損失補償財源のストレステスト結果

JSCCは、事前拠出型の財務資源について、ストレステストの結果を四半期ごとに開示している（「FMI原則に基づく定量的な情報開示」項目4.4.8）。JSCCの国債店頭取引に係るストレステストにおいて、過去12カ月間中に事前拠出型の財務資源ではカバーできない結果となった件数は0件（2020年3月末時点）であり、事前拠出型の財務資源について十分性を継続的に維持することができていた結果であった。

また、事後拠出型の財務資源も含めた損失補償財源全体のストレステストについても、上記と同期間において財源不足となる件数はゼロであった。なお、損失補償財源全体のストレステスト結果については、webサイト等における定期的な開示を行っていないが、清算参加者に対しては月次および年次でレポーティングを行っている。

⑷　リバース・ストレステスト

　JSCCでは、上記のようにストレスシナリオを想定して行うテストとは別に、財務資源の限界点を捕捉する目的で、リバース・ストレステストを行っている。リバース・ストレステストにおいては、破綻参加者の数を3社、4社と次々に増やしていき何社の破綻まで耐えることができるか検証する、という観点に加え、市場変動の大きさを次々に強めていき、ストレステストで想定した変動の何倍の市場変動まで耐えることができるかについても検証を行っている。リバース・ストレステストも、通常のストレステストと同様に日次で結果を確認しており、その結果については、年次で清算参加者に対してレポーティングを行っている。

4．財源が不十分となった場合の対応

　ここまで述べたとおり、証拠金については99％を超えるカバー率を記録しており、損失補償財源についてもストレステスト結果に問題は見受けられなかった。そのため、現在のリスク管理制度は十分性の観点から問題ないと考えられる。一方、万が一各種テスト結果において財源が不十分な結果となった場合には、十分なリスク管理制度とするべく、制度の見直しの検討を行うこととしている。

　たとえば、証拠金の算出方法に問題があり、目標としている99％カバーを実現できていないと判断された場合には、より保守的な計算方法とするべく、現在の証拠金モデルにおける脆弱性がどこにあるのか、どのようなパラメーターやモデルを工夫することが考えられるのか、検討を行うことが考え

られる。損失補償財源の十分性に問題がみられた場合は、想定破綻社数やストレスシナリオの前提は適切か、あるいは、特定の参加者にリスクが集中している状況に対して手当を行う必要はないか、など、財源の不足が発生した状況に応じて、原因の分析と対応策の検討を行うことになる。

これらの対応については、リスク管理制度の根幹をなすことから、JSCCの取締役会が最終的な責任を負う。また、大きな制度変更であれば、国債店頭取引の清算参加者から構成される運営委員会への諮問を行い、ユーザーの合意を得たうえで行うこととしているほか、外部の有識者によって構成されるリスク委員会にも諮問を行い、リスク管理の観点から制度の変更内容が適切か検証を行うこととしている。

〈参考文献〉

Basel Committee on Banking Supervision（1996）*SUPERVISORY FRAMEWORK FOR THE USE OF "BACKTESTING" IN CONJUNCTION WITH THE INTERNAL MODELS APPROACH TO MARKET RISK CAPITAL REQUIREMENTS*
（https://www.bis.org/publ/bcbs22.pdf）
仮訳：日本銀行webサイト「バーゼル銀行監督委員会「マーケット・リスクに対する所要自己資本額算出に用いる内部モデル・アプローチにおいてバックテスティングを利用するための監督上のフレームワーク」」
（https://www.boj.or.jp/announcements/release_1997/bis9601c.pdf）
Committee on Payment and Settlement Systems, Technical Committee of the International Organization of Securities Commissions（2012）*Principles for financial market infrastructures*
（https://www.bis.org/cpmi/publ/d101a.pdf）
仮訳：金融庁webサイト「金融市場インフラのための原則」
（https://www.fsa.go.jp/inter/ios/20120416-1/07-2.pdf）
Committee on Payment and Settlement Systems, Technical Committee of the International Organization of Securities Commissions（2012）*Principles for financial market infrastructures: disclosure framework and assessment methodology*

（https://www.bis.org/cpmi/publ/d106.pdf）
仮訳：日本銀行webサイト「BIS支払・決済システム委員会と証券監督者国際機構
　　代表理事会「金融市場インフラのための原則：情報開示の枠組みと評価方法」」
　　（https://www.boj.or.jp/announcements/release_2012/data/rel121218a2.pdf）
日本証券クリアリング機構webサイト「FMI原則に基づく定量的な情報開示」
　　（https://www.jpx.co.jp/jscc/kaisya/fmi_pdf2.html）
日本証券クリアリング機構webサイト「リスクアペタイト・ステートメント」
　　（https://www.jpx.co.jp/jscc/risk/appetite.html）

清算・決済から知る日本国債
──市場における清算機関の役割

2023年3月28日　第1刷発行

編著者　日本証券クリアリング機構
　　　　国債店頭取引清算部
発行者　加　藤　一　浩

〒160-8520　東京都新宿区南元町19
発　行　所　一般社団法人 金融財政事情研究会
企画・制作・販売　株式会社きんざい
　　　　出 版 部　TEL 03(3355)2251　FAX 03(3357)7416
　　　　販売受付　TEL 03(3358)2891　FAX 03(3358)0037
　　　　URL https://www.kinzai.jp/

校正：株式会社友人社／印刷：株式会社日本制作センター

ISBN978-4-322-14159-7